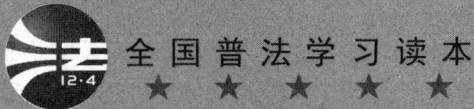 

校园与学生管理法律法规学习读本
校园防火防电安全法律法规

叶浦芳　主编

加大全民普法力度，建设社会主义法治文化，树立宪法法律至上、法律面前人人平等的法治理念。
——中国共产党第十九次全国代表大会《决胜全面建成小康社会 夺取新时代中国特色社会主义伟大胜利》

汕头大学出版社

图书在版编目（CIP）数据

校园防火防电安全法律法规／叶浦芳主编．－－汕头：汕头大学出版社（2021．7重印）

（校园与学生管理法律法规学习读本）

ISBN 978-7-5658-3327-4

Ⅰ．①校… Ⅱ．①叶… Ⅲ．①学校管理-安全管理-教育法-中国-学习参考资料 Ⅳ．①D922.164

中国版本图书馆 CIP 数据核字（2018）第 000789 号

校园防火防电安全法律法规　XIAOYUAN FANGHUO FANGDIAN ANQUAN FALÜ FAGUI

主　　编：	叶浦芳
责任编辑：	汪艳蕾
责任技编：	黄东生
封面设计：	大华文苑
出版发行：	汕头大学出版社
	广东省汕头市大学路 243 号汕头大学校园内　邮政编码：515063
电　　话：	0754-82904613
印　　刷：	三河市南阳印刷有限公司
开　　本：	690mm×960mm 1/16
印　　张：	18
字　　数：	226 千字
版　　次：	2018 年 1 月第 1 版
印　　次：	2021 年 7 月第 2 次印刷
定　　价：	59.60 元（全 2 册）

ISBN 978-7-5658-3327-4

版权所有，翻版必究

如发现印装质量问题，请与承印厂联系退换

前　言

习近平总书记指出："推进全民守法，必须着力增强全民法治观念。要坚持把全民普法和守法作为依法治国的长期基础性工作，采取有力措施加强法制宣传教育。要坚持法治教育从娃娃抓起，把法治教育纳入国民教育体系和精神文明创建内容，由易到难、循序渐进不断增强青少年的规则意识。要健全公民和组织守法信用记录，完善守法诚信褒奖机制和违法失信行为惩戒机制，形成守法光荣、违法可耻的社会氛围，使遵法守法成为全体人民共同追求和自觉行动。"

中共中央、国务院曾经转发了中央宣传部、司法部关于在公民中开展法治宣传教育的规划，并发出通知，要求各地区各部门结合实际认真贯彻执行。通知指出，全民普法和守法是依法治国的长期基础性工作。深入开展法治宣传教育，是全面建成小康社会和新农村的重要保障。

普法规划指出：各地区各部门要根据实际需要，从不同群体的特点出发，因地制宜开展有特色的法治宣传教育坚持集中法治宣传教育与经常性法治宣传教育相结合，深化法律进机关、进乡村、进社区、进学校、进企业、进单位的"法律六进"主题活动，完善工作标准，建立长效机制。

特别是农业、农村和农民问题，始终是关系党和人民事业发展的全局性和根本性问题。党中央、国务院发布的《关于推进社会主义新农村建设的若干意见》中明确提出要"加强农村法制建设，深入开展农村普法教育，增强农民的法制观念，提高农民依法行使权利和履行义务的自觉性。"多年普法实践证明，普及法律知识，提高法制观念，增强全社会依法办事意识具有重要作用。特别是在广大农村进行普法教育，是提高全民法律素质的需要。

多年来，我国在农村实行的改革开放取得了极大成功，农村发生了翻天覆地的变化，广大农民生活水平大大得到了提高。但是，由于历史和社会等原因，现阶段我国一些地区农民文化素质还不高，不学法、不懂法、不守法现象虽然较原来有所改变，但仍有相当一部分群众的法制观念仍很淡化，不懂、不愿借助法律来保护自身权益，这就极易受到不法的侵害，或极易进行违法犯罪活动，严重阻碍了全面建成小康社会和新农村步伐。

为此，根据党和政府的指示精神以及普法规划，特别是根据广大农村农民的现状，在有关部门和专家的指导下，特别编辑了这套《全国普法学习读本》。主要包括了广大人民群众应知应懂、实际实用的法律法规。为了辅导学习，附录还收入了相应法律法规的条例准则、实施细则、解读解答、案例分析等；同时为了突出法律法规的实际实用特点，兼顾地方性和特殊性，附录还收入了部分某些地方性法律法规以及非法律法规的政策文件、管理制度、应用表格等内容，拓展了本书的知识范围，使法律法规更"接地气"，便于读者学习掌握和实际应用。

在众多法律法规中，我们通过甄别，淘汰了废止的，精选了最新的、权威的和全面的。但有部分法律法规有些条款不适应当下情况了，却没有颁布新的，我们又不能擅自改动，只得保留原有条款，但附录却有相应的补充修改意见或通知等。众多法律法规根据不同内容和受众特点，经过归类组合，优化配套。整套普法读本非常全面系统，具有很强的学习性、实用性和指导性，非常适合用于广大农村和城乡普法学习教育与实践指导。总之，是全国全民普法的良好读本。

目 录

学校用电安全规章制度

学校安全用电管理制度 ……………………………………（1）
学校安全用电规章制度 ……………………………………（2）
学校安全电器管理制度 ……………………………………（3）
学校节约用电规章制度 ……………………………………（4）
幼儿园用电安全管理制度 …………………………………（5）
附 录
　安全用电防范基本常识 …………………………………（6）
　实验室用电安全常识 ……………………………………（9）
　宿舍安全用电常识 ………………………………………（12）
　学校用电事故预防 ………………………………………（13）
　学生用电失火事故的思考与防范 ………………………（17）
　用电安全自救基本常识 …………………………………（20）

学校防火安全规章制度

防火与安全守则 ……………………………………………（34）
消防安全基本知识 …………………………………………（38）
校园火灾与安全隐患 ………………………………………（46）
校园火灾的特点和类型 ……………………………………（51）

加强消防安全工作的对策 ……………………………… （55）

校园火灾的事前预防方法 ……………………………… （56）

灭火与安全基本常识 …………………………………… （60）

火灾报警基本常识 ……………………………………… （68）

火灾与自救基本常识 …………………………………… （71）

附　录

　　学生防火基本常识 …………………………………… （86）

　　校外用火安全防范 …………………………………… （90）

　　校园消防存在问题及对策 …………………………… （105）

　　加强对幼儿的安全教育 ……………………………… （112）

　　加强中小学校消防安全管理工作的措施 …………… （113）

　　校园火灾案例解析与处理 …………………………… （117）

高等学校消防安全管理规定

第一章　总　　则 ………………………………………… （122）

第二章　消防安全责任 …………………………………… （123）

第三章　消防安全管理 …………………………………… （126）

第四章　消防安全检查和整改 …………………………… （129）

第五章　消防安全教育和培训 …………………………… （132）

第六章　灭火、应急疏散预案和演练 …………………… （133）

第七章　消防经费 ………………………………………… （134）

第八章　奖　　惩 ………………………………………… （134）

第九章　附　　则 ………………………………………… （135）

附　录

　　教育部、公安部关于加强学校消防安全工作的通知 ……… （136）

学校用电安全规章制度

学校安全用电管理制度

　　安全用电是学校安全工作的重要组成部分,是学校健康持续发展的必要保障,为加强管理,明确要求,规范各类用电行为,特制定本安全用电管理制度。

　　一、学校的安全用电管理由学校专职人员(后勤人员或学校管理人员外)负责,定期检查学校线路,经常与供电部门联系,确保电路畅通。

　　二、学校安装电器、改造线路必须由正式电工严格按照规程操作,避免因操作失误、技术不熟练造成火灾、触电事故。禁止私拉乱接线路,私增电插座和灯头。

　　三、各班主任、办公室负责人及学校负责人,要对本班级、本办公室、校园内的用电设施加强管理,做到人走灯关。凡是使用电器设备的部门要在长时间不用或离校时切断电源(如计算机、饮水机、复印机等)。

　　四、校内严禁使用电暖器、电热壶、"热得快"、电炊具等,避免出现开关跳闸、电线线路短路引起火等事故。

　　五、各用电部门在使用较大功率用电器(功率大于1KW)时,需向有关人员了解线路承载情况,以免发生意外;严禁线路、开关等超负荷运行、插排超负荷使用。

六、各用电部门如发现漏电、冒烟、打火等现象，要果断采取断电措施，并及时向有关人员汇报，以便及时处理。

七、学校应对师生进行安全用电培训，并教育师生用电安全的重要性，特别是教育学生按规定使用，不可玩弄电器设施。

八、学校应每天对全校的线路和电器设备进行巡视检查，并做好记载，发现问题及时处理解决，不定时的检查容易出问题的开关、接头等。对不规范使用电器现象要给予指出并纠正。在修理和安装电器时，必须按安全规范操作。

九、学校应组织有关人员经常对电器、线路进行全面检查，发现问题及时解决，在寒暑假应对全校电器、线路进行全面维护和检修，并作好情况记录。

十、如遇有雷雨天，要禁止使用各种电器，以防发生意外。

十一、教室内的照明、饮水机、电脑等应专人专管，其他人不能随便开启。放学后，应关闭所有用电器电源。

十二、各行政办公室、教师办公室、教室、走廊等场所要充分利用自然光照，或安装节能型照明设施，减少照明设备。走廊楼道等公共场所的照明设备要根据作息时间及时关闭，坚决杜绝"白昼灯"和"长明灯"现象。

十三、严禁使用破损，老化的用电器和插座及电线。

学校安全用电规章制度

为了进一步加强学校的用电管理，确保师生的人身安全，提高教职工的安全用电意识，特制定安全用电管理规定。全校用电由后勤处专人管理，并负责本制度的具体实施。希望老师和同学们切实加强安全意识，不违章用电，共同营造安全、舒适的工作环境。

一、办公室、教室用电必须做到人走灯灭，责任到人，杜绝浪费电能，控制长明灯，严禁在教室和办公室使用电炉、微波炉等家用电器。

二、严禁在灯具、电扇、背投、配电箱等电器上悬挂覆盖饰品等易燃物品。多媒体设备、照明灯、饮水机等使用完后应及时关闭电源，避免引起火灾。

三、教室安全用电由班级负责管理，电器设备的使用，必须由老师亲自操作，严禁学生开关电器和拆卸教室的电器接线、开关、插座等。

四、严禁用湿布擦洗电器，以防止意外事故发生。

五、凡电器或线路出现问题，必须立即停止使用并及时报告学校后勤处，严禁自行处置。

六、凡使学校电源的用户，统一用电表记量，任何人不得私自动用电表和接线，并对自己电表，表箱负有保护责任，发现有撬箱，毁表等窃电行为的，一经查出，严肃处理。

七、要爱护学校用电设施，不得故意损坏。家属应对子女负责，班主任要经常对学生进行用电安全教育。

八、学校每学期将对各班电器的使用，管理等情况进行检查、评比。凡是出现灯管破损、多媒体电教设备零件遗失或人为造成损坏的均由各班负责赔偿。

学校安全电器管理制度

一、学校的安全用电管理由学校法制安全处负责，定期检查学校线路，确保电路畅通。

二、学校安装电器、改造线路必须由正式电工严格按照规程操作，严禁无证人员上岗操作，禁止非电管人员摆弄电插座和日光灯等用电设施，避免因操作失误、技术不熟练造成火灾、触电事故。禁止私拉乱接线路，私增电插座和灯头。

三、学校负责安全和后勤人员要不定时的检查容易出问题的开关、接头等，发现故障及时排除。

四、各班级、各室负责人员,要对本班级、各室用电设施加强管理,做到人走灯关。凡是使用电器设备的部门要在离校时切断电源(如计算机、饮水机、复印机、印刷机等)。如若出现违反规定,将进行相应的惩罚。

五、在校师生不得使用电热壶、"热得快"避免出现总控开关跳闸、电线线路短路引起火灾等事故。

六、如对教室内违规使用的各类电器,全体教职工应立即予以制止,根据情况轻重予以行政处分,包括各类优秀评比资格等,年终考核降级。如造成损失,本人承担全部责任,所有处分直接影响考核。对发现违规用电情况,不制止、不处理、不举报,甚至纵容和包庇的人员,同样予以严肃处理。

学校节约用电规章制度

为了进一步加强学校的用电管理,确保师生的人身安全,提高教职工的安全用电意识,特制定安全用电管理规定。全校用电由总务处专人管理,并负责本制度的具体实施。希望老师和同学们切实加强安全意识,不违章用电,共同营造一个安全、舒适的工作和学习氛围。

一、办公室、教室用电必须做到人走灯灭,责任到人,杜绝浪费电能,控制长明灯,严禁在教室和办公室使用电炉、微波炉等家用电器。

二、严禁在灯具、电扇、背投、配电箱等电器上悬挂覆盖饰品等易燃物品。多媒体设备、照明灯、饮水机等使用完后应及时关闭电源,避免引起火灾。

三、教室安全用电由班级负责管理,电器设备的使用,必须由老师亲自操作,严禁学生开关电器和拆卸教室的电器接线、开关、插座等。

四、严禁用湿布擦洗电器,以防止意外事故发生。

五、凡电器或线路出现问题,必须立即停止使用并及时报告学校总务处或电工，严禁自行处置。

六、要爱护学校用电设施，不得故意损坏。班主任要经常对学生进行用电安全教育。

七、学校每学期将对各班电器的使用，管理等情况进行检查、评比。凡是出现灯管破损、凡是出现灯管破损、多媒体电教设备零件遗失或人为造成损坏的均由各班负责赔偿。

幼儿园用电安全管理制度

一、全体师生必须增强安全意识，如发现室内外，供电线路及用电设备出现问题时，应主即向有关领导或幼儿园电工汇报，以便及时处理，避免事故发生。

二、幼儿园用电线路的安装和电器使用应符合国家有关标准和规定。严禁在有人要范围内使用容易引发安全事故的大功率电器，如电炉、电热取暖器等。

三、幼儿园任何用电设备在安装、使用和撤除过程中都要指定专业人负责，持有电力入网证和特种作业人员操作证"两证"人员才能从事强电操作并建立电工管理档案。幼儿园各处、室、班级均要严格遵守安全用电规则，未经有关领导及电工批准，不准私自乱拉、乱扯电线，不准随意改动原有的供电线路及设施，否则发生问题由当事人自己负完全责任。

四、各班主任要负责提高幼儿的安全用电常识，不乱动灯口、开关、插座等供电设备，发现事故隐患应及时汇报，避免发生触电事故。使用电褥子，应严格检查正常是否，一定做到不用时拨下插头，杜绝火灾隐患。

五、每一位教职工及全体幼儿都要增强安全用电、节约用电观念。照明灯、电风扇及其它教学用电设施不用时应及时关闭。坚持"人走电断"的原则，合理、正确使用一切电器设施设备。

附 录

安全用电防范基本常识

学会看安全用电标志明确统一的标志是保证用电安全的一项重要措施。统计表明，不少电气事故完全是由于标志不统一而造成的。例如由于导线的颜色不统一，误将相线接设备的机壳，而导致机壳带电，酿成触点伤亡事故。

标志分为颜色标志和图形标志。颜色标志常用来区分各种不同性质、不同用途的导线，或用来表示某处安全程度。图形标志一般用来告诫人们不要去接近有危险的场所。为保证安全用电，必须严格按有关标准使用颜色标志和图形标志。我国安全色标采用的标准，基本上与国际标准草案（ISD）相同。一般采用的安全色有以下几种：

红色：用来标志禁止、停止和消防，如信号灯、信号旗、机器上的紧急停机按钮等都是用红色来表示"禁止"的信息。

黄色：用来标志注意危险。如"当心触点"、"注意安全"等。

绿色：用来标志安全无事。如"在此工作"、"已接地"等。

蓝色：用来标志强制执行，如"必须带安全帽"等。

黑色：用来标志图像、文字符号和警告标志的几何图形。

按照规定，为便于识别，防止误操作，确保运行和检修人员的安全，采用不同颜色来区别设备特征。如电气母线，A相为黄色，B相为绿色，C相为红色，明敷的接地线涂为黑色。在二次系统中，交流电压回路用黄色，交流电流回路用绿色，信号和警告回路用白色。

安全用电的注意事项随着生活水平的不断提高，生活中用电的地方越来越多了。因此，我们有必要掌握以下最基本的安全用电常识：

认识了解电源总开关，学会在紧急情况下关断总电源。

不用手或导电物（如铁丝、钉子、别针等金属制品）去接触、探试电源插座内部。

不用湿手触摸电器，不用湿布擦拭电器。

电器使用完毕后应拔掉电源插头；插拔电源插头时不要用力拉拽电线，以防止电线的绝缘层受损造成触电；电线的绝缘皮剥落，要及时更换新线或者用绝缘胶布包好。

发现有人触电要设法及时关断电源；或者用干燥的木棍等物将触电者与带电的电器分开，不要用手去直接救人；年龄小的同学遇到这种情况，应呼喊成年人相助，不要自己处理，以防触电。

不随意拆卸、安装电源线路、插座、插头等。哪怕安装灯泡等简单的事情，也要先关断电源，并在家长的指导下进行。

家庭安全用电常识现在许多家庭都购置了家用电器，如电视机、电冰箱、电风扇……当它们接通电源以后都带有一定的危险性，所以我们在使用时一定要格外小心。特别是我们对电器性能、用法不太了解的时候，不能贸然行事，应在大人的指导下学习使用，以防触电或弄坏电器。

电吹风、电熨斗、电烙铁、电饭煲、电磁炉等家用电器，通电后电流较大、温度很高，容易发生触电和烫伤的危险。所以，我们不要使用它。大人使用时，我们不要在附近玩耍。

电风扇、洗衣机等电器，通电后扇叶、脱水筒转速很快，碰到手指或其他地方是很危险的。所以，在它们转动时，千万不能把手插进扇叶、脱水筒里去。

夏天，遇到雷雨天气，雷电可能会击中室外天线，因此，雷雨天不要开电视，并拔掉天线插头，防止雷电击伤人或击坏机器。

防止触电的安全防范

学习用电常识，不要用硬的物品接触电源，也不要用人体某个部位接触电源，以防触电。

不要乱插、私接电源，特别是不要用湿手去插电源插头。

要多注意观察家里的各种电器，插头插座、电线、灯是否有破损、老化的现象，如果有应立即告诉家长进行正确处理。

我们中小学生不要私自玩电，特别是当家里没有人时，一定要把所有的电源都关闭或拔掉。

凡是金属制品都是导电的，千万不要用这些工具直接与电源接触。

不要用湿的手巾擦电器，防止水滴进机壳内造成短路，以免触电。

在放学、上学的路上，特别注意路边的电线是否有脱落，见到一定要躲开。

雷雨天气，千万不要站在树底下避雨，以免遭到雷击。

暴风雨吹落了电线，有人不幸被电击倒了，千万要伸手去拉触电者。

正确的方法是用干木棍等绝缘的物品，挑开电线，并告诉大人，通知有关部门。

校园安全用电规定

1. 禁止学生在教室和寝室私自接线、使用"热得快"烧水、在空调插座上取电、在寝室、教室给应急灯充电、使用"暖手宝"、在教室插座上取电、空烧饮水器等。

2. 除学校统一安装的电器外，未经同意，任何人不得私自安装其他电器或改装原电器，禁止学生在寝室更换大功率灯泡。

3. 严格按照电器设备使用办法，特别要禁止学生私拆封条强行启动空调和违反程序操作教室电脑。如确实发现电器质量问题，应立即联系总务处，由专业人士维修。

4. 教师应以身作则，发挥榜样作用，坚决抵制三"无"电器和存在严重安全隐患的各类电器，特别是电热板。

5. 全体师生应爱护学生电器设备，按照使用说明正确操作，做到节约用电和充分利用资源相结合，应及时关闭电灯、饮水器、空调、电脑等。

6. 对学生寝室、教室内违使用的各类电器，全体教职工应立即予以制止，并没收电器，根据情况轻重予以行政处分，包括取消住宿资格、空调使用资格、参加学校夜自习资格、各类优秀评比资格等，品德考核降级。如造成损失，该学生承担全部责任。所有处分直接影响班级考核。

7. 对发现违规用电情况，不制止、不处理、不举报，甚至纵容和包庇的人员，同样予以严肃处理。

实验室用电安全常识

实验室用电注意事项

为防止重大安全事故的发生、维护广大学生与教师的根本利益、保证电子信息教学实验中心的实验室教学工作的顺利进行，电子信息教学实验中心特别重申以下实验室用电安全注意事项，请广大学生与教师务必遵守。

1. 认真遵守电子信息教学实验中心各实验室管理条例。
2. 学生不得自行开关实验室总电源。
3. 学生不得随意拆装实验室仪器。
4. 实验室仪器后盖面板上的电源接插座、插头、保险丝座为高电压区域，严禁随意拆装。
5. 密切注意各实验室中装备、仪器、操作台等部位的高压标记，严禁双手触摸。
6. 严禁带电进行接线、调整电路元件等操作，电路搭接与元件插拔等操作应保证在切断电源的条件下进行。

7. 在进行接线、调整电路元件等操作时，即使在知晓电源已切断的情况下，也必须先以单手手背先试探性地触碰一下实验对象，以确认实验系统绝对不带电，然后方可以手指（手心一面）触摸实验系统（如果手背触电，则被弹开；而如果手心触电，则被紧握，无法松开）。

8. 电烙铁的使用必须限制在实验室内规定地点，使用结束之后必须将烙铁插头拔出电源插座。

9. 电烙铁应仔细摆放，严禁将烙铁头接触电源线，严防触电事故发生。

实验室安全事故紧急预案

为最大限度地减少因安全事故引发的人员伤亡与财产损失，维护广大学生与教师的根本利益、保证电子信息教学实验中心的实验室教学工作的顺利进行，电子信息教学实验中心特别制定以下实验室安全事故紧急处理预案，请广大学生与教师务必遵照执行。

用电安全事故紧急预案

1. 如果不慎触电，应立即告知周围同学或老师，以寻求帮助。

2. 如果得知附近的同学触电，应立即告知老师和其他同学，但决不可触碰已触电同学，以免伤亡事故扩大。

3. 如果得知有人触电，实验指导教师应以最快速度拉断实验室总电闸门。如果实验指导教师距离实验室总电闸门较远，则应该告知距离实验室总电闸门最近的同学，尽快拉断实验室总电闸门。

4. 拉断实验室总电闸门后，实验指导教师尽快通知实验中心器材室。

5. 实验中心主任、实验指导教师及实验中心管理人员尽快通知急救中心（电话120），以实施救助。

6．在整个触电事故处理过程中，广大同学要保持秩序，切忌慌乱，以免事故损失的扩大。听从老师的指挥，协助做好事故处理工作。

班级用电注意事项

养成学生爱惜能源、有效使用能源的正确观念态度与习惯，以培养具有能源素养的现代化公民。

用电注意事项：

1．班级用电应随手关闭，各班班长或由专门的负责人在每天放学时详细检查。

2．教室电源插座仅供教学使用，如教师用麦克风、投影机等教学用具，严禁学生私接用电（如收音机、吹风机、电话等）。

3．加强节约用电，无需用电或照明的时间，各班应节约能源关闭电源，如升旗、下克、室外课或专任教室上课，值日生应负责关闭日光灯及风扇。

4．专门教室用电应该在离开之前做详细检查，并且关闭所有电源开关。各办公室空调应该在每日上午十点以后且室温超过28度时才可打开下午四时以后一律关闭。

5．教室电风扇应节省使用，使用时须将教室所有窗户打开让空气流通，并且应以微风为适合宜，开强风比开弱风多用50%至60%的电力，教室如果只有一至二位学生在时应关闭所有电风扇。

6．走廊、楼梯、公共场所非必要时请勿打开电灯，请所有同学协助关闭，各班负责打扫的同学应该随时坚持。

7．负责打扫厕所的班级，应该经常留意厕所电灯是否关闭。

8．已损坏的灯管应先拆除后立即更换、闪烁灯管更为费电。

宿舍安全用电常识

宿舍内严禁使用违章电器

1. 为了大家的生命财产安全，宿舍内严禁使用违章电器、劣质电器、非安全电器器具（如热得快、电炉、电茶壶、电热褥、电取暖器、电熨斗等）、无3C认证产品，及其它危害公共安全、不适宜再集体宿舍内使用或未经管理部门批准的功率大于200瓦的其它电器设备。

2. 发现拥有违章电器，在责成当事人上交书面检查的同时，对违章电器进行代保管；发现正在使用违章电器，或有明显证据表明学生曾使用违章电器，在对当事人进行教育、责令写书面检查后，对违章电器代保管，同时向学校上报违纪处理建议。

特别提示：由于学生公寓是人口高度密集的场所，宿舍内易燃物品很多。往往有极少数人为了贪图方便，而置公共安全于不顾，这是一种极其危险的行为。希望广大同学对这种严重危害公共安全的现象，及时制止或报告学校宿管部门。

宿舍安全用电常识

1. 认识了解电源总开关，学会在紧急情况下切断寝室总电源。
2. 不用手或导电物（如铁丝、钉子、别针等金属制品）去接触、探试电源插座内部。
3. 不用湿手触摸电器，不用湿布擦拭电器。
4. 电器使用完毕后应拔掉电源插头或关闭接线板上的开关；插拔电源插头时不要用力拉拽电线，以防止电线的绝缘层受损造成触电；电线的绝缘皮剥落，要及时更换新线或者用绝缘胶布包好。
5. 发现有人触电要设法及时关断电源；或者用不导电物（如干燥的木棍等）将触电者与带电的电器分开，不要用手去直接救人，以防触电。

6．不随意在寝室内更改、拆卸、安装电源线路、插座、插头等，也不要把铁钉等硬物凿入墙面，以防发生电线短路、触电等意外事故。

7．电源接线板不应放在床上，应放在书桌安全处，周围不要有易燃物品，也不要将接线板放在小杂物容易跌入或容易被水侵入的地方，电线不要与床架等金属物接触。接线板上不能接过多电源插头。

8．不要使用无3C认证的电器产品，不使用劣质电器。

9．不要超负荷用电。

10．严禁私自跨寝室、跨宿舍进行计算机联网或在公共网络线上私拉乱接，禁止使用计算机玩游戏、看影视碟片及从事其他与学习科研无关的活动。

学校用电事故预防

学生用电安全知识教育

每年9月份是学生开学新学期，无论大学生还是中小学生，都要注意电气安全等问题，避免发生人身伤害事故。为此，提醒广大市民和师生们，用电安全关系着自己和他人的生命安全，因不规范用电引发的事故不胜枚举，有关安全用电方面的规章制度都是用鲜血乃至生命的代价写就的，希望市民和同学们牢记惨痛教训，正确用电，安全用电，让悲剧不再发生。

学生用电安全知识教育不容忽视

据新浪网报道，河北省某高校宿舍内发生一起私接电线引发的触电事故，该校物理系大三学生李某在私自接线时不慎触电，当场死亡。

经警方调查，某校的宿舍楼属于老式学生宿舍，室内没有安装外接用电插座，学校为了统一用电管理，明确规定学生不得在宿舍内使用电器，不得为了个人用电私拉乱接电线。事发当天，李某下课后回到宿舍自习，李某的床铺位于靠近门口的上铺，与屋顶上安装的一台摇头式吊扇距离较近。因学习时需要用到手提电脑，为节省手提电脑电池，李某便利用在物理专业中学到的用电知识，找出两根铜芯电线，准备从头顶上的吊扇电源上引出电线作为手提电脑的电源。在其从吊扇电源处往外接线的过程，左手拇指和中指不慎同时接触到了两根电线的外露铜线头，强大的电流瞬间将李某击倒在床上。一名舍友见状，立即拨打120急救电话，同时报告了学校老师。120急救医生迅速赶到现场并立即进行了抢救，然而这一切都已不能挽回张某年仅20岁的生命。

通过上述触电案例认为，该校学生发生因用电不慎而引起的意外伤亡事故，作为学校本身及教育主管部门，当然有健全安全设施、加强学校安全管理、提高学校安全水平的职责和义务。但对于我们电力行业来说，同样没有理由充当普通看客。因为这类事故的出现，无不体现当今一些学生用电安全知识缺乏、安全用电意识淡薄、安全保护能力较差的不争事实，因此对学生进行用电安全知识教育显得十分重要。

无论大学生、中学生在大学宿舍内，学生为个人学习和生活方便随意用电的现象较为普遍。尽管学校对学生在校内用电问题也多有明文规定，但少数同学仍然为了自己方便不惜偷接私拉电线，发生在李某同学身上的惨剧就是因私拉电线引发的。

随着经济社会的发展，用电范围不断扩大，生活中方方面面接触电的机会越来越多。为了让中小学生掌握科学提高学生安全用电意识，防止发生触电事故，笔者建议供电部门要加大对学校学生安全用电教育，不容忽视电气设施的使用安全。

第一，供电部门应该主动与学校一起联合开展电力安全教育进校园活动，通过校园黑板报、宣传窗、图片展、请专家作讲座、知识竞赛等形式，开展丰富多彩的适合学生年龄特征的活动，寓教于乐，向学生广泛宣传安全用电知识，让学生在轻松愉悦的活动中，学习安全用电、科学用电的方法，让学生掌握最基本的安全用电常识。

第二，要组织力量对学生宿舍及人员聚集场所实施安全用电专项检查，各高校对学生违章用电现象要严肃查处，坚决收缴违规用电设备，如"热得快"、电热毯、小电炉等，消除火灾隐患。

第三，加强中小学生用电安全知识教育，使他们认识了解电源总开关，学会在紧急情况下关断总电源，不用手或导电物（如铁丝、钉子、别针等金属制品）去接触、探试电源插座内部，不用湿手触摸电器，不用湿布擦拭电器，发现有人触电要设法及时关断电源，或者用干燥的木棍等物将触电者与带电的电器分开，不要用手去直接救人。

第四，对于年龄小的同学遇到这种情况，应呼喊成年人相助，不要自己处理，以防触电等等，这样生动的教育形式，不仅能影响在校生，而且能影响到他们的家庭，从而带动全社会的用电安全知识，尽量避免由于用电而造成的不必要的伤害。

最后还提醒，对学生进行用电安全知识教育，对于我们供电部门来说，是一件义不容辞的工作，我们应该持之以恒地把这项工作做好！

学校安全用电的教育和预防

几年前，曾经有一个6岁的男孩独自被关在家里，当他开动电视时，因电视插座漏电，造成小男孩触电死亡。电是人类的朋友，同学们家里的照明、电视冰箱、洗衣机等，都离不开电。但它又是"电老虎"，当人体直接接触电流的时候，就会发生触电因为人体也是一种导电体。"触电"就是电流通过人体，这时人感到全身发麻，肌肉抽动，以致烧伤；严重时，立即造成呼吸、心跳停止而死亡。因此，必须争分夺秒进行抢救。

学生触电的教育和防范

因同学们年龄小，不具备安全用电的知识和能力，有关用电的操作问题，应请成年人去做，以免发生触电。

第一，大家在路上、野外或大风天气时，遇到落在地的电线，一定要绕行，或告诉成年人来处理。注意不要在高压线下面放风筝，以免线缠绕而引起触电。

第二，如果不慎发生触电，首先要关闭电源开关或拔掉电源插头，尽快使触电者脱离电源。

第三，遇他人触电，在关闭电源前救人时，要踩在木板上去救人，避免接触他的身体，防止造成你本身新的触电。戴橡皮手套、穿胶底皮鞋可防止触电，还可以用木棍、竹竿去挑开触电者身上的电线，也可防上触电。

第四，如果触电者呼吸、心跳已经停止，在脱离电源后立即进行人工呼吸，同时进行胸外心脏挤压，并呼叫医生尽快来急救。触电的人可能出现"假死"现象，所以要长时间的进行抢救，而不轻易放弃。因为，已见到过触电者呼吸、心跳停止三小时以上，在积极的抢救下，又起死回生的动人事迹。

学生使用家用电器的教育和防范

如今，电视机、电冰箱、洗衣机、电熨斗、吹风机、电风扇等家用电器越来越多地进入了家庭。学生使用家用电器，除了应该注意安全用电问题以外，还要注意以下几点：

第一，各种家用电器用途不同，使用方法也不同，有的比较复杂。一般的家用电器应当在家长的指导下学习使用，对危险性较大的电器则不要自己独自使用。

第二，使用中发现电器有冒烟、冒火花、发出焦糊的异味等情况，应立即关掉电源开关，停止使用。

第三，电吹风机、电饭锅、电熨斗、电暖器等电器在使用中会发出高热，应注意将它们远离纸张、棉布等易燃物品，防止发生火灾；同时，使用时要注意避免烫伤。

第四，要避免在潮湿的环境（如浴室）下使用电器，更不能使电器淋湿、受潮，这样不仅会损坏电器，还会发生触电危险。

第五，电风扇的扇叶、洗衣机的脱水筒等在工作时是高速旋转的，不能用手或者其他物品去触摸，以防止受伤。

第六，遇到雷雨天气，要停止使用电视机，并拔下室外天线插头，防止遭受雷击。

第七，电器长期搁置不用，容易受潮、受腐蚀而损坏，重新使用前需要认真检查。

第八，购买家用电器时，要选择质量可靠的合格产品。

学生使用家电产品的注意事项

第一，先阅读使用说明书，尤其要读懂注意事项。
第二，弄清所有按钮的用处及具体操作程序再接通电源。
第三，有些电器（如电熨斗）不能远离，以免引起火灾。
第四，手脚和身体湿的时候不摸电器。
第五，电器使用完毕，要关闭总开关，切断电源。
第六，雷雨天，有些电器不宜使用。

学生用电失火事故的思考与防范

用电失火事故案例分析

2004年1月4日上午10∶00左右，徐州体育学院和外国语学院的两名学生考完试后回泉山校区11号楼宿舍时，发现605室有异常烟雾散出，一名学生当即将605室房门踹开，随后，619室体育学院学生立即打电话报警。三名同学一起端水将床铺的火扑灭并向值班室汇报。学院值班员立即关闭全楼电源，随同学上楼。几分钟后，消防队及有关人员到现场，此时火已全部扑灭。据现场观察，着火的床铺被褥已基本被烧坏，在残留的被褥中发现有烧坏的台灯、连线及插头。

据当时情况分析,此次事故系违章用电、私接电源,在床上使用台灯,人走时没有掐断电源所致。由于扑救及时,事故未造成大的损失。

用电失火事故安全防范

消防安全不能存在半点麻痹大意,更不能抱有任何侥幸心理。广大同学应牢固树立安全防范意识,在加强学习有关消防救护和灭火知识的同时,要自觉遵守《学生公寓消防安全制度》,对违反有关规定违章用电者,一经发现,将依据有关的规定予以严肃处理。

在此,特别提醒广大同学注意以下安全隐患:

第一,不得在宿舍内使用电炉、电饭煲、热得快、电褥子、电热毯等违章电器、不得使用非安全器具或未经许可的其他大功率电器设备。

第二,不得私自乱动电源总闸、保险盒及楼内的消防器材。

第三,不得把台灯、充电器、吹风机等可能引起火灾的物品放置在床上、将电源插座捆绑在床头,不要使用超过台灯允许功率的灯泡(通常应小于25W),不要用灯泡烘烤衣物、袜子等。

第四,不得私自安装电源插座,改装、拆除公寓配套电器线路、私接电线。

第五,不得在宿舍内存放易燃、易爆、易腐蚀、剧毒及放射性等危害物品,使用酒精炉、煤油炉、液化气罐等。

第六,不得在公寓内吸烟,在楼道内、室内、阳台等处燃放烟火爆竹,焚烧纸张、杂物。

第七,不要购买和使用劣质的电器,以免发生危险。

用电失火事故安全预案

为了彻底杜绝校园用电事故,学校应制定防范此类事故预案,以避免恶性事故的发生。

防范预案

组织对学生及老师进行用电安全知识辅导。

校园内的教师宿舍内严禁使用电炉、电水壶、电热毯等。

师生不得在学校内私自拆、卸电器及开关、插座等。

学生不得擅自从插座内引出电源接入其它用电器。

组织学生进行用电安全防范知识竞赛。

定期检测学校线路是否正常。

应急预案

遇有突发性触电事故立即切断电源（包括总电源）。

遇有紧急情况立即用绝缘棒或非导电棒、棍击打，将触电人员与电源脱离（不得用手拉触电人员）。

对触电受伤人员视情形及时组织自救或他救，必要时拨打120急救中心求援。

及时向学校领导报告及向乡有关部门报告，以便组织施救。

排查事故原因，及时处理上报。

学生触电事故的分析与预防

一天，值日老师到配电房测试漏电保护器，远远看到几名小学生正在玩一种游戏，他们将一根木棒扔到了低压380伏电线上且搁住。其中一个小学生将木棒往上一扔，木棒触到一根电线滑下来，另一个小学生立刻把木棒抢到手，迅速再往上扔去。看到这些，值日老师急忙上前制止他们："小朋友，不要玩这种游戏，这样做是很危险的！万一木棒把两根电线连在一起，不但会损坏电器设备和造成全村停电，还会危及到你们的生命安全。"几个小学生见值日老师面孔严肃，仿佛意识到了问题的严重性，他们丢下木棒，怯怯地跑了。爱动是儿童的天性，但在农村有的小学生不分场所地玩耍，就会给自己的生命带来危害。

电是我们生活中不可缺少的，它给我们带来光明和方便。随着生活水平的不断提高，我们生活中用电的地方越来越多，但如果不注意安全，电也会给我们带来危险和灾祸。

用电安全自救基本常识

触电的伤害

人体是导电的物体，所以人如果接触到带电的物体时，电流就会通过人体，会对人体造成相应的伤害，这就是触电。有的是被电击，有的是被电伤。

电击是电流通过人体，使人体内部组织受到较为严重的损伤。受到电击时，人会感到浑身发热、发麻、肌肉抽搐以致于渐渐失去知觉。

如果此时电流还继续通过人体，则触电者的心脏、呼吸机能和神经系统均会受到严重的伤害。

电伤是电流对人的体外造成的局部损伤。一般有电烧伤、电烙印和熔化的金属渗入皮肤等伤害。

总之，当人触电后由于电流通过往往使人体烧伤，严重的可造成死亡。

怎样防止触电

1. 学习用电知识，不要用硬的物品接触电源，也不要用人体某个部位接触电源，以防触电。

2. 不要乱插、私接电源，特别是不要用湿手去插电源插头。

3. 要多注意观察家里的各种电器，插头插座、电线、灯是否有破损、老化的现象，如果有应立即告诉家长进行正确处理。

4. 我们中小学生不要私自玩电，特别是当家里没有人时，一定要把所有的电源都关闭或拔掉。

5. 凡是金属制品都是导电的，千万不要用这些工具直接与电源接触。

6. 不要用湿的毛巾擦电器，防止水滴进机壳内造成短路，以免触电。

7. 在放学、上学的路上，特别注意路边的电线是否有脱落，见到一定要躲开。

8. 雷雨天气，千万不要站在树底下避雨，以免遭到雷击。

9. 暴风雨吹落了电线，有人不幸被电击倒了，千万不要伸手去拉触电者，正确的方法是用干木棍等绝缘的物品，挑开电线并告诉大人，通知有关部门。

安全电流与安全电压

一、安全电流

为了确保人身安全，一般以人触电后人体未产生有害的生理效应作为安全的基准。因此，通过人体一般无有害生理效应的电流值，即称为安全电流。

安全电流又可分为容许安全电流和持续安全电流。当人体触电，通过人体的电流值不大于摆脱电流的电流值称为容许安全电流，50~60Hz交流规定10mA（矿业等类的作业则规定6mA），直流规定50mA为容许安全电流；当人发生触电，通过人体的电流大于摆脱电流且与相应的持续通电时间对应的电流值称为持续安全电流。

交流持续安全电流值与持续通电时间的关系为：

$I_{ac}=10+10/t$（0.03秒<=t<=10秒）

T——持续通电时间

二、安全电压

在各种不同环境条件下，人体接触到一定电压的带电体后，其各部分不发生任何损害，该电压秒称为安全电压。

安全电压是以人体允许通过的电流与人体电阻的乘积来表示的。通常，低于40V的对地电压可视为安全电压。国际电工委员会规定接触电压的限定值为50V，并规定在25V以下时，不需考虑防止电击的安全措施。

我国规定的安全电压等级有：42V、36V、24V、12V、6V、额定值五个等级，目前采用安全电压以36V和12V较多。

发电厂生产场所及变电站等处使用的行灯一般为36V，在比较危险的地方或工作地点狭窄、周围有大面积接地体、环境湿热场所，如电缆沟、煤斗油箱等地，所用行灯的电压不准超过12V。

需要指出的是，不能认为这些电压就是绝对安全的，如果人体在汗湿、皮肤破裂等情况不长时间触及电源，也可能发生电击伤害。

高压触电的解决办法

1. 立即通知有关部门断电。
2. 带上绝缘手套，穿上绝缘靴，用相应电压等级的绝缘工具按顺序拉开开关。
3. 抛掷裸金属线使线路短路接地，迫使保护装置动作，断开电源。注意抛掷金属线之前，先将金属线的一端可靠接地，然后抛掷另一端；注意抛掷的一端不可触及触电者和其他人。

触电事故的规律

1. 有明显的季节性：一般每年以二、三季度事故较多，6至9月最集中。因为夏秋两季天气潮湿、多雨，降低了电气设备的绝缘性能；人体多汗皮肤电阻降低，容易导电；天气炎热，电扇用电或临时线路增多，且操作人员不穿戴工作服和绝缘护具；正值农忙季节，农村用电量和用电场所增加，触电机率增多。
2. 低压触电多于高压触电：是因为低压设备多、电网广，与人接触机会多；低压设备简陋而且管理不严，思想麻痹，多数群众缺乏电气安全知识。

3. 农村触电事故多于城市：主要是由于农村用电条件差，设备简陋，技术水平低，管理不严。

4. 青年和中年触电多：一方面是因为中青年多数是主要操作者。另一方面因这些人多数已有几年工龄，不再如初学时那么小心谨慎。

5. 单相触电事故多，占70%以上。

6. 事故点多在电气联结部位。

7. 事故由两个以上因素构成：统计表明90%以上的事故是由两个以上原因引起的。

触电事故的分类

触电是泛指人体触及带电体。触电时电流会对人体造成各种不同程度的伤害。触电事故分为两类：一类叫"电击"；另一类叫"电伤"。

1. 电击及其分类：所谓电击，是指电流通过人体时所造成的内部伤害，它会破坏人的心脏、呼吸及神经系统的正常工作，甚至危及生命。

其根本原因：在低压系统通电电流不大且时间不长的情况下，电流引导起人的心室颤动，是电击致死的主要原因；在通过电流虽较小，但时间较长情况下，电流会造成人体窒息而导致死亡。

绝大部分触电死亡事故都是电击造成的。日常所说的触电事故，基本上多指电击而言。

电击可分为直接电击与间接电击两种。直接电击是指人体直接触及正常运行的带电体所发生的电击；间接电击则是指电气设备发生故障后，人体触及该意外带电部分所发生的电击。

直接电击多数发生在误触相线、刀闸或其它设备带电部分。

间接电击大都发生在大风刮断架空线或接户线后，搭落在金属物或广播线上,相线和电杆拉线搭连,电动机等用电设备的线圈绝缘损坏而引起外壳带电等情况下。

2. 电伤及其分类:电伤是指电流的热效应、化学效应或机械效应对人体造成的伤害。

(1)电弧烧伤,也叫电灼伤,它是最常见也是最严重的一种电伤,多由电流的热效应引起,具体症状是皮肤发红、起泡、甚至皮肉组织被破坏或烧焦。

通常发生在:低压系统带负荷拉开裸露的刀闸开关时电弧烧伤人的手和面部;线路发生短路或误操作引起短路;高压系统因误操作产生强烈电弧导致严重烧伤;人体与带电体之间的距离小于安全距离而放电。

(2)电烙印,当载流导体较长时间接触人体时,因电流的化学效应和机械效应作用,接触部分的皮肤会变硬并形成圆形或椭圆形的肿块痕迹,如同烙印一般。

(3)皮肤金属化,由于电流或电弧作用(熔化或蒸发)产生的金属微粒渗入了人体皮肤表层而引起,使皮肤变得粗糙坚硬并呈青黑色或褐色。

人体触电的方式

人体触电的基本方式有单相触电、两相触电、跨步电压触电、接触电压触电。此外,还有人体接近高压电和雷击触电等。

一、单相触电

是指人体站在地面或其他接地体上,人体的某部位触及一相带电体所引起的触电。它的危险程度与电压的高低、电网的中性点是否接地、每相对地容量的大小有关,是较常见的一种触电事故。

在日常工作和生活中(三相四线制),低压用电设备的开关、插销和灯头以及电动机、电熨斗洗衣机等家用电器,如果其绝缘损坏,带电部分裸露而使外壳、外皮带电,当人体碰触这些设备时,就会发生单相触电情况。

如果此时人体站在绝缘板上或穿绝缘鞋，人体与大地间的电阻就会很大，通过人体的电流将很小，这时不会发生触电危险。

二、两相触电

是指人体有两处同时接触带电的任何两相电源时的触电。发生两相触电时，电流由一根导线通过人体流至另一根导线，作用于人体上的电压等于线电压，若线电压为380V，则流过人体的电流高达268mA，这样大的电流只要经过0.186s就可能致触电者死亡。故两相触电比单相触电更危险。

三、跨步电压触电

当电气设备发生接地故障或当线路发生一根导线断线故障，并且导线落在地面时，故障电流就会从接地体或导线落地点流入大地，并以半球形向大地流散，距电流入地点越近，电位越高，距电流入地点越远，电位越低，入地点20M以外处，地面电位近似零。

如果此时有人进入这个区域，其二脚之间的电位差就是跨步电压。由跨步电压引起触电，称为跨步电压触电。

人体承受跨步电压时，电流一般是沿着人的下身，即从脚到胯部到脚流过，与大地形成通路，电流很少通过人的心脏重要器官，看起来似乎危害不大，但是，跨步电压较高时，人就会因脚抽筋而倒在地上，这不但会使作用于身体上的电压增加，还有可能改变电流通过人体的路径而经过人体的重要器官，因而大大增加了触电的危险性。

因此，电业工人在平时工作或行走时，一定要格外小心。当发现设备出现接地故障或导线断线落地时，要远离断线落地区；一旦不小心已步入断线落地区且感觉到有跨步电压时，应赶快把双脚并在一起或用一条腿跳着离开断线落地区；当必须进入断线落地区救人或排除故障时，应穿绝缘靴。

四、接触电压触电

接触电压是指人站在发生接地短路故障设备的旁边，触及漏电设备的外壳时，其手、脚之间所承受的电压。由接触电压引起的触电称为接触电压触电。

在发电厂和变电所中，一般电气设备的外壳和机座都是接地的，正常时，这些设备的外壳和机座都不带电。但当设备发生绝缘击穿、接地部分破坏，设备与大地之间产生电位差时，人体若接触这些设备，其手、脚之间便会承受接触电压而触电。

为防止接触电压触电，往往要把一个车间、一个变电站的所有设备均单独埋设接地体，对每台电动机采用单独的保护接地。

五、弧光放电触电

因不小心或没有采取安全措施而接近了裸露的高压带电设备，将会发生严重的放电触电事故。

六、停电设备突然来电引起的触电

在停电设备上检修时，若未采取可靠的安全措施，如未装挂临时接地及悬挂必要的标示牌，当误将正在检修设备送电，致使检修人员触电。

触电的原因

1. 不懂安全用电常识，自行安装电器，家用电器漏电而手接触开关、灯头、插头等；
2. 或因大风雪、火灾、地震、房屋倒塌等使高压线断后在地，10米内都有触电危险；
3. 在房檐下或大树下避雷雨，衣帽被雨淋更容易被雷击；在电线上晒湿衣物；
4. 救护时直接用手拉触电者等。

触电的判断

触电是电流通过人体，与大地或其他导体形成闭合回路，触电对人体的伤害主要有电击和电伤两种。人体触电的瞬时如不能立即摆脱，电源将导致呼吸困难，心脏麻痹而死亡。

1. 轻者心慌，头晕，面色苍白，恶心，神志不清，呼吸不畅、心跳不规律，四肢无力，如脱离电源，需安静休息，注意观察，不需特殊处理。

2. 重者呼吸急促，心跳加快，血压下降，昏迷，心室颤动，呼吸中枢麻痹以至呼吸停止，皮肤烧伤或焦化、坏死等。

触电的症状

1. 局部表现有不同程度的烧伤、出血、焦黑等现象。
2. 烧伤区与正常组织界线清楚。
3. 全身机能障碍，如休克、呼吸心跳停止。
4. 致死原因是由于电流引起脑（延髓的呼吸中枢）的高度抑制及心肌的抑制，心室纤维性颤动。
5. 触电后的损伤与电压、电流以及导体接触体表的情况有关。电压高、电流强、电阻小而体表潮湿，易致死。

如果电流仅从一侧肢体或体表传导入地，或肢体干燥、电阻大，可能引起烧伤而未必死亡。

触电脱离电源的方法

当人发生触电后，首先要使触电者脱离电源，这是对触电者进行急救的关键。但在触电者未脱离电源前急救人员不准用手直接拉触电者，以防急救人员触电。为了使触电者脱离电源，急救人员应根据现场条件果断地采取适当的方法和措施。脱离电源的方法和措施一般有以下几种。

一、低压触电脱离电源

1. 在低压触电附近有电源开关或插头，应立即将开关拉开或插头拔脱，以切断电源。

2. 如电源开关离触电地点较远，可用绝缘工具将电线切断，但必须切断电源侧电线，并应防止被切断的电线误触他人。

3. 当带电低压导线落在触电者身上，可能绝缘物体将导线移开，使触电脱离电源。但不允许用任何金属棒或潮湿的物体去移动导线，以防急救者触电。

4. 若触电者的衣服是干燥的，急救者可用随身干燥衣服、干围巾等将自己的手严格包裹，然后用包裹的手拉触电者干燥衣服，或用急救者的干燥衣物结在一起，拖拉触电者，使触电者脱离电源。

5. 若触电者离地距离较大，应防止切断电源后触电者从高处摔下造成外伤。

二、高压触电脱离电源

当发生高压触电时，应迅速切断电源开关。如无法切断电源开关，应使用适合该电压等级的绝缘工具，使触电者脱离电源。急救者在抢救时，应对该电压等级保持一定的安全距离，以保证急救者的人身安全。

三、架空线路触电脱离电源

当有人在架空线路上触电时，应迅速拉开关，或用电话告知当地供电部门停电。如不能立即切断电源，可采用抛掷短路的方法使电源侧开关跳闸。在抛掷短路线时，应防止电弧灼伤或断线危及人身安全。杆上触电者脱离电源后，用绳索将触电者送至地面。

触电的急救原则

1. 火速切断电源。立即拉下闸门或关闭电源开关，拔掉插头，使触电者很快脱离电源。急救者利用竹杆、扁担、木棍、塑料制品、橡胶制品、皮制品挑开接触病人的电源，使病人迅速脱离电源。

2. 如患者仍在漏电的机器上时，赶快用干燥的绝缘棉衣、棉被将病人推拉开。

3. 未切断电源之前，抢救者切忌用自己的手直接去拉触电者，这样自己也会立即触电而伤,再有人拉这位触电者也会同样触电,因人体是导体,极易传电。

4. 触电灼烧伤应合理包扎。在高空高压线触电抢救中,要注意再摔伤。

5. 急救者最好穿胶鞋,跳在木板上保护自身。心跳呼吸停止还可心内或静脉注射肾上腺素、异丙肾上腺素。血压仍低时,可注射阿拉明、多巴胺,呼吸不规则注射尼可刹米、山梗菜碱。

6. 确认心跳停止时,应立即进行拳击复苏或口对口的人工呼吸和心脏胸外挤压,直至呼吸和心跳恢复为止。

7. 对呼吸和心跳停止者,如呼吸不恢复,人工呼吸至少应坚持4小时或出现尸僵和尸斑时方可放弃抢救。有条件时直接给予氧气吸入更佳。

8. 在就地抢救的同时,尽快呼叫医务人员或向有关医疗单位求援。用呼吸中枢兴奋药,针刺人中和十宣穴。在心跳停止前禁用强心剂。

触电的现场急救处理

当触电者脱离电源后,急救者应根据触电者的不同生理反应进行现场急救处理。

1. 触电者神志清醒,但感乏力、心慌、呼吸促迫、面色苍白。此时应将触电者躺平就地安静休息,不要让触电者走动,以减轻心脏负担,并应严密观察呼吸和脉搏的变化。若发现触电者脉搏过快或过慢应立即请医务人员检查治疗。

2. 触电者神志不清,有心跳,但呼吸停止或极微弱的呼吸时,应及时用抬颏法使气道开放,并进行口对口人工呼吸。如不及时进行人工呼吸,将由于缺氧过久从而引起心跳停止。

3. 触电者神志丧失、心跳停止,但有微弱的呼吸时,应立即进行心肺复苏急救。不能认为尚有极微弱的呼吸就只有做胸外按压,因为这种微弱的呼吸起不到气体交换的作用。

4. 触电者心跳、呼吸均停止时，应立即进行心肺复苏急救，在搬移或送往医院途中仍应按心肺复苏规定进行急救。

5. 触电者心跳、呼吸均停，并伴有其它伤害时，应迅速进行心肺复苏急救，然后再处理外伤。对伴有颈椎骨折的触电者，在开放气道时，不应使头部后仰，以免高位截瘫，因此应用托颌法。

6. 当人遭受雷击时，由于雷电流将使心脏除极，脑部产生一过性代谢静止和中枢性无呼吸。因此受雷击者心跳、呼吸均停止时，应进行心肺复苏急救，否则将发生缺氧性心跳停止而死亡。不能因为雷击者的瞳孔已放大，而不坚持用心复苏进行急救。

人工呼吸触电急救法

一、胸外心脏挤压法

心脏挤压是有节律地按压胸骨下部，间接压迫心脏，排出血液，然后突然放松，让胸骨复位，心脏舒张，接受回流血液，用人工维持血液循环。其要领如下：

挤压胸骨下段，心脏在胸骨与脊柱之间被挤压，血液排出放松时，心脏因静脉回流而充盈。

1. 将触电者仰卧在硬板上或地面上。不能卧在软床上或垫上厚软物件，否则会抵消挤压效果。

2. 压胸位置是一只手掌根部放在触电者的心窝口上方，另一只手掌作辅助。抢救者跪在触电者腰旁，操作过度疲劳时可以交换位置。掌根压胸，位置在心窝口的稍上方。

3. 挤压方法：压胸的一只手，在预备动作时略弯，然后向前压胸，成90°角，完成动作后，突然放松（向后一缩），如此循环下去。

4. 挤压时触摸大动脉是否有脉搏。如果没有脉搏，应加大挤压力度，减慢挤压速度。

胸外心脏挤压法口诀如下：

掌根下压不冲击，突然放松手不离；

手腕略弯压一寸，一秒一次较适宜。

二、对口吹人工呼吸法

是用人工方法使气体有节律地进入肺部，再排出体外，使触电者获得氧气，排出二氧化碳，人为地维持呼吸功能。其要领如下：

1. 将触电者仰卧，使头部尽量后仰（先拿走枕头）。操作者腰旁侧卧，一手抬高触电者下颌，使其口张开。用另一只手捏住触电者的鼻子，保证吹气时不漏气。但是，如果在触电者口上盖一块手帕，可能影响吹气效果。头部后仰，使嘴张开，然后口对口吹气。

2. 操作者用中等度深呼吸，把口紧贴触电者的口，缓慢而均匀地吹气，使触电者胸部扩张。胸部起伏过大，容易把肺泡吹破；胸壁起伏过小，则效果不佳。因此要观察胸部起伏程度来掌握吹气量。

3. 吹气速度，对成人是吹气2s，停3s，5s一次。成年人每分钟12~16次，对儿童是每分钟吹气18~24次。

4. 触电者嘴不能掰开时，可进行口对鼻吹气。方法同上，只是要用一只手封住嘴以免漏气。

对口吹的口诀如下：

张口捏鼻手抬颌，深吸缓吹口对紧；

张口困难吹鼻孔，五秒一次坚持吹。

触电者心跳、呼吸都停止时，应同时进行胸外心脏挤压和口对口人工呼吸。如果有两个操作者，可以一个负责心脏挤压，另一人负责对口吹气。操作时，心脏挤压4~5次，暂停，吹气一次，叫4比1或5比1。如果只有一个操作者，操作时最好是2次很快地肺部吹气，接着进行15次胸部挤压，叫15比2。肺部充气时，不应按压胸部，以免损伤肺部和降低通气的效果。

三、摇臂压胸呼吸法

操作要领如下：

1. 使触电者仰卧，头部后仰。

2. 操作者在触电者头部，一只脚作跪姿，另一只脚半蹲。两手将触电者的双手向后拉直，压胸时，将触电者的手向前顺推，至胸部位置时，将两手向胸部靠拢，用触电者两手压胸部。在同一时间内还要完成以下几个动作：跪着的一只脚向后蹬（成前弓后箭状），半蹲的前脚向前倒，然后用身体重量自然向胸部压下。压胸动作完成后，将触电者的手向左右扩张。完成后，将两手往后顺向拉直，恢复原来位置。

3. 压胸时不要有冲击力，两手关节不要弯曲，压胸深度要看对象，对小孩不要用力过猛，对成年人每分钟完成14～16次。

四、摇臂压胸法

摇臂压胸式的口诀如下：

　　　单腿跪下手拉直，双手顺推向胸靠；

　　　两腿前弓后箭状，胸压力量要自然；

　　　压胸深浅看对象，用力过猛出乱子；

　　　左右扩胸最要紧，操作要领勿忘记。

五、俯卧压背呼吸法

（此法只适宜触电后溺水、肚内喝饱了水）1. 使触电者俯卧，触电者的一只手臂弯曲枕在头上，脸侧向一边，另一只手在头旁伸直。操作者跨腰跪，四指并拢，尾指压在触电者背部肩胛骨下（相当于第七对肋骨）。

2. 压时，操作者手臂不要弯，用身体重量向前压。向前压的速度要快，向后收缩的速度可稍慢，每分钟完成14～16次。

3. 触电后溺水，可将触电者面部朝下平放在木板上，木板向前倾斜10°左右，触电者腹部垫放柔软的垫物（如枕头等），这样，压背时会迫使触电者将吸入腹内的水吐出。

俯卧压背法的口诀如下：

　　　四指并拢压一点，挺胸抬头手不弯；

　　　前冲速度要突然，还原速度可稍慢；

　　　抢救溺水用此法，倒水较好效果佳。

人工呼吸触电急救的注意

一、人工呼吸法的选择

1. 有轻微呼吸和轻微心跳，不用做人工呼吸，观察其病变，可用油擦身体，轻轻按摩。

2. 有心跳，无呼吸——用对口吹。

3. 有呼吸，无心跳——用胸外心脏挤压法。

4. 呼吸，心跳全无——用胸外心脏挤压与对口吹配合抢救，这是目前国内推广的最佳方法。

5. 触电后溺水，肚内有水——用俯卧压背式。

二、做人工呼吸法之前须注意的事项

1. 松衣扣、解裤带，使触电者易于呼吸。

2. 清理呼吸道——将口腔内的食物以及可能脱出来的假牙取出，若口腔内有痰，可用口吸出。

3. 维持好现场秩序——非抢救人员不准围观。

4. 派人向医院、供电部门求援，但千万不要打强心针。触电者的心脏是纤颤的（即剧烈收缩），而强心针是刺激心脏收缩的药物，若替触电者打强心针，是加速其心脏收缩，无异火上加油，加速死亡。三联针是强心针。

学校防火安全规章制度

防火与安全守则

1. 点燃的蜡烛、蚊香应放在专用的架台上，不能靠近窗帘、蚊帐等可燃物品。

2. 到床底、阁楼处找东西时，不要用油灯、蜡烛、打火机等明火照明。

3. 中小学生不要随身携带火柴、打火机等火种。

4. 不要玩火。有的同学对火感到很新鲜，常常背着家长和老师做玩火的游戏，这是十分危险的。玩火时一旦火势蔓延或者留下未熄灭的火种，都容易引起火灾。

5. 不能乱拉、乱接电线，随意拆卸电器，用完电器要及时拔掉插销。

6. 发现燃气泄漏时，要关紧阀门，打开门窗，不可触动电器开关和使用明火。

7. 阳台上、楼道内不能烧纸片，燃放烟花爆竹。

8. 吸烟危害健康，中小学生不要吸烟，躲藏起来吸烟更危险。要遵守学生守则和学校的规章制度，坚决杜绝吸烟。

9. 使用电灯时，灯泡不要接触或靠近可燃物。

10. 不要在蚊帐内点蜡烛看书。

11. 台灯不要靠近枕头、蚊帐和被褥。

12. 在寝室内不得随意存放易燃易爆物品，不使用电炉、煤油炉、酒精炉、热得快及其它电器升温设备等可能引发火灾的器具。

13. 不在校园内燃放烟花爆竹，未经允许不准燃点篝火。

14. 不得挪用和损坏消防器材，不得堵塞消防通道。

15. 一旦发现火情，应立即拨打火灾报警电话"119"，同时迅速使用灭火器等开展初始火灾的扑灭。

防火的基本措施

1. 控制可燃物。用非燃或不燃材料代替易燃或可燃材料；采取局部通风或全部通风的方法，降低可燃气体、蒸气和粉尘的浓度；对能相互作用发生化学反应的物品分开存放。

2. 隔绝助燃物。就是使可燃性气体、液体、固体不与空气、氧气或其他氧化剂等助燃物接触，即使有着火源作用，也因为没有助燃物参与而不致发生燃烧。

3. 消除着火源。就是严格控制明火、电火及防止静电、雷击引起火灾。

4. 阻止火势蔓延。就是防止火焰或火星等火源窜入有燃烧、爆炸危险的设备、管道或空间，或阻止火焰在设备和管道中扩展，或者把燃烧限制在一定范围不致向外延烧。

学校防火六要素

学校防火"六要素"学校是人员密集型的场所，是学生的聚集地点，因而是防火工作的重点，极易发生群死群伤的火灾事故，一旦发生火灾，极其容易造成重大人员伤亡，危害十分严重。火灾不可避免但是可以预防的，学校防火工作有起特殊性，其防火工作要点可归纳为以下几点：

1. 学校教职员工、学生和进入教学区、生活区的人员应自觉遵守防火安全管理规定。

2. 不在教学和生活区随意焚烧树叶、垃圾等可燃易燃物品。

3. 严格按照规定使用、管理、销毁易燃易爆的实验用化学危险品。

4. 因工作需要用火时，须遵守用火审批、管理制度不得随意动火，并要配备必要的灭火器材。

5. 在宿舍生活区内，不得乱拉临时线，不得乱设临时插座，不得使用电炉、电热水器等电热器具，不得卧床吸烟，不在熄灯后使用蜡烛、打火机照明，宿舍内不得存放、使用酒精、汽油等易燃易爆危险品，不得在疏散通道内堆放物品和烧水做饭，自觉维护走道内的消防设施。

6. 加大防火安全知识宣传教育力度，营造安全防火的良好氛围，加强对师生们消防安全知识的教育培训。教职员工和学生应学习掌握基本的火场逃生知识和技能，学会正确使用各种消防器材，学会正确拨打火警电话，正确报知火警情况。

学生宿舍引起火灾的原因

一、违章用电

违章用电很容易引起宿舍火灾，对我们的生命安全造成严重威胁，所以请学生遵守学校用电制度。

1. 使用劣质电器和大功率电器（包括劣质应急灯、充电器、电吹风、取暖器、电热毯等）。学生基本没有经济收入，又缺乏社会经验，往往会购买低价劣质的电器在宿舍使用。还有的学生宿舍使用大功率电器，使电线超负荷，因此很容易造成短路引起火情。

2. 使用热得快。这在学生宿舍起火原因中占有很大的比例。不少学生为了图方便，往往在宿舍用热得快烧水。有的忘记了正在烧水，热水瓶的水烧干后，烧着了外壳或其他易燃物品引发火情；有的则是因为使用劣质热得快导致起火。

二、点蜡烛

一些学生考试前临时抱佛脚，晚上在宿舍点起蜡烛"加夜班"，或是加班加点看小说，有的一不小心碰倒蜡烛，或是睡着了而蜡烛未熄，结果蜡烛烧到底，点燃了书籍、蚊帐、床板等可燃物品，引起火灾。

三、吸烟

男同学中抽烟的为数不少，有的烟抽完后不掐灭烟头，随手扔掉，万一掉在易燃物品上，很容易引起火情。有的躺在床上抽烟睡着后未熄灭的烟掉在被子、床板上引起火灾。

四、各种充电器使用不当

充电器使用不当引起线路短路，导致电线发热而引起火情。

五、点蚊香

夏天由于蚊虫较多，学生在宿舍里点蚊香驱蚊，由于出门忘记或晚上睡着导致蚊香点燃易燃物而引发火灾。

六、焚烧废旧物品

许多同学在寝室里焚烧废旧物品，特别是书信、日记本等丢弃物，结果一不小心就会使火焰过大而无法控制，或点燃其他易燃物如蚊帐等而引发火灾。

学生宿舍防火安全常识

1. 不要在寝室内乱拉乱接电线。因为电线和插头、插座多重连接，容易导致接触不良，接触不良容易产生电火花，如遇可燃物，就会导致失火。更危险的是将电线埋在被褥下面，如果电线发热造成绝缘层起火，后果更是不堪设想。

2. 不要在寝室内使用大功率电器和违章电器，如电茶壶、电炉、热得快、电砂锅等，因为它们都是靠电阻值较大的材料发热来获得热量，耗电量高（热得快功率就有800~1000瓦）。如果用不配套的电线连接，一旦通电就会导致电线发热，橡皮绝缘体软化，时间一长，超负荷运转就会使绝缘体老化甚至燃烧，从而引起火灾。

3. 不要躺在床上吸烟，不得随地乱扔烟蒂。因为躺在床上吸烟，稍不小心，燃烧的烟灰就会掉在被褥上直接引起火灾，特别是身体疲倦时或酒醉之后，往往烟未吸完人就睡着了，烟火失去控制而点燃可燃物，造成人身伤亡或财产损失。

4. 不要点蜡烛看书。因为秉烛夜读，时间一长就会感到身体疲倦，捧着书本就会情不自禁地进入梦乡。这时蜡烛一旦倒下或燃尽，就会点燃周围的可燃物（如书本、桌面、蚊帐等）。

5. 不要用纸当灯罩。因为纸的燃点是130摄氏度，而一只功率为60w的白炽灯在一般散热条件下，其表面温度为140～180摄氏度，大大超过纸的燃点，如果用纸当灯罩，灯泡表面积累一定程度，达到纸张的燃点就会引起纸张燃烧，从而引发火情。

消防安全基本知识

1. 燃烧必须具备三个条件：有可燃物、有助燃物、有着火源。
2. 常见的火源有：明火、高温物体、火星、电火花、强光等。
3. 生活中的因素引起的火灾主要包括：用火不慎、用电不慎、用油、用气不慎、吸烟不慎、玩火、燃放烟花爆竹等。
4. 家庭易燃物品有：木制家具、被、褥、窗帘、衣物、沙发、书籍、煤气罐等等。

节日防火九注意

春节期间，人们举杯同庆、走亲访友、休闲购物，特别是七天长假居民用火、用电、用气骤增，燃放烟花爆竹也达到高峰，极易引发火灾事故。消防部门请您一定要注意如下九点：

1. 提前检查家中电器线路有无荷载过大、电线短路、质量低劣等不安全问题；

2. 注意安全使用燃气，如发生燃气泄漏，迅速关闭气源阀门，打开门窗通风，禁止开关电器，防止燃气爆炸；

3. 外出购物要注意逃生通道和疏散方向；

4. 举家外出旅游要关闭电源，关闭燃气阀门；

5. 不要在阳台、仓库、加油站和煤气站附近燃放花炮，特别教育儿童燃放时要注意安全；

6. 不要在楼道内堆放杂物。自行车，汽车停放不要占用消防通道，保持消防通道畅通无阻；

7. 烹饪时油锅着火，不要惊慌，迅速用锅盖窒息灭火；

8. 亲朋相聚饮酒后不要在床上吸烟，以防万一；

9. 春节长假办公室无人，放假前应切断电源，检查纸篓、烟缸中有无未熄灭的烟头，锁好门窗。

清明节祭扫防火

清明期间，祭扫稍有不慎，就会引发火灾。为此，市民应当注意：在山上或其他植树葬的场所祭扫时，严禁动用明火、吸烟、烧香烛、烧纸钱、燃放鞭炮，防止火烧连"林"。

不要在小区内草坪上、燃气管道旁、高压线下、汽车旁、化粪池边、芦苇草垛及工地、工棚附近焚烧香纸，燃放烟花爆竹，防止因燃气泄露或引燃沼气而发生爆燃。

严禁占用和堵塞消防通道，要保持消防安全通道畅通无阻。祭扫应到指定地点烧纸、焚香、放鞭炮。焚烧完毕，要等余火燃尽方可离去。

祭扫人员要掌握自救逃生知识，一旦发现火情，及时报警，学会自救。

春季家庭防火

1. 外出前要检查家中的电器设备和燃气灶具是否关好。
2. 不可将烟蒂、火柴杆等火种随意扔在废纸篓内或可燃杂物上，不要躺在床上或沙发上吸烟。
3. 教育儿童不玩火、不随意摆弄电器设备。
4. 液化气钢瓶与炉具间要保持1米以上安全距离。不要随意倾倒液化石油气残液。
5. 不要在楼梯间、公共走道内存放物品。
6. 发现火情后迅速拨打火警电话119，讲明详细地址、起火部位、着火物质、火势大小、留下姓名及电话号码，并派人到路口迎候消防车。

春季农忙防火

春季，气候变化异常，时而暖，时而冷，因而是农村火灾的多发季节。由于春季风多、风大、风干，这不仅是诱发火灾发生的重要因素，而且一旦发生火灾后容易扩大蔓延，会造成重大的经济损失和人员伤亡。为切实做好春季防火工作，希望广大农民要注意以下几点：

1. 火灰（如柴灰、灶灰、煤灰）不能乱倒，要用水将火灰的余火泼灭，倒在安全的地方，不要靠近易燃物、可燃物。
2. 灶门要清，水缸要满，做到穷锅门口富水缸。烟囱要勤检修，防止裂缝滋火。
3. 草地、草堆附近要禁止吸烟，防止未熄灭的烟头、火柴梗引起火灾。尤其是农村中的芦苇田（荡）更要杜绝火源，严禁吸烟，以防星火燎原，特别是在收割时期，更要倍加防范。
4. 教育小孩不玩火，家长更不能逗小孩玩火，不要让小孩开煤气灶和液化石油气灶，各种火具不要乱放，要放在小孩够不着、拿不到的地方。家长（家庭成人）外出的时候，不要把小孩锁在家中。小孩春游，教师要教育小孩不要在野外玩火、烧火，还要教育小孩不要在架空线下放风筝，以防电气火灾、电气事故和人员触电事故的发生。

5. 农药、化肥要保管好。由于农药、化肥的品种很多，性质各异，有些农药、化肥如果放在一起，会发生化学反应，轻则失效，重则会发生爆炸、火灾，造成人畜中毒事故，因此农药、化肥不能混存、混运。

6. 对稻麦草（秸秆）堆垛，要经常检查测温，防止自燃火灾的发生。

7. 春季粮食保管部门在熏蒸时，一定要按照安全规定，加强防范，严密看守，正确使用熏蒸剂，以防火灾、爆炸和熏蒸人员中毒。

8. 清明节前后，要教育广大人民群众，不要在树林、芦苇草地（荡、滩）和粮、棉、油、物资仓库、草垛和易燃、易爆单位（场所）附近焚烧香纸，燃放烟花爆竹。清明节前后庙会较多，在会期前，一定要周密考虑，精心组织，本着谁主办、谁负责的原则，充分发挥群防、群治的作用，在当地党委、政府的领导下，加强防范措施，以避免火灾和其他事故的发生。

9. 春季农忙，村庄大多是老人、小孩在家，因此要组织人员巡逻防护，既防火又防盗。

10. 乡村工企业在春季生产任务重的情况下，要加强用电安全，严格易燃易爆化学危险物品的安全管理，加强检查，消除火险隐患，备足消防器材，确保安全生产。要坚决取缔和打击私自非法产销烟花爆竹。对有证的生产厂家和经销单位，要强化安全管理，避免一般事故，遏制重特大事故的发生。

冬季防火注意

1. 在床上、沙发上等可燃物较多的地方吸烟时，应注意不要将烟头及烟灰掉落在被褥、蚊帐、衣服或沙发上，不要乱丢未熄灭的火柴、烟头等。还要严禁在一切易燃易爆单位、物资仓库和其他一切禁烟区内吸烟，禁止在维修汽车和清洗机械零件时吸烟。吸烟时应到安全地带，烟头未熄时不得进入工作场所。纠正不良的吸烟习惯，不能躺在床上或沙发上吸烟，不在劳动和寻物时吸烟，不乱丢烟头和火柴梗、乱磕烟灰，更不要将引燃的烟头随处乱放。

2. 使用炉火、灯火时应注意不可靠近可燃物。城市居民在使用煤气、液化气后忘记关闭阀门，或私自对液化气倒罐而导致气体泄漏，如遇明火、开启电器的电火花或静电就会爆炸起火。使用液化气时，不能用火烤、开水烫、蒸汽吹液化石油气瓶；不要放在暖气片旁烤；不要放在有炉火的房间内，用炉火取暖的房间，不能同时使用液化石油气。因为气瓶一旦漏气，就容易酿成火灾。

3. 要注意谨防电气设备及其安装不符合规格、绝缘不良、电气线路和电器老化或者超负荷现象，以免发生电线短路起火。不能在电灯泡上罩纸或其他可燃物，将未经冷却的电热器具放在有可燃物的场所，或将可燃物放在电热器具上，更不能乱接乱拉电线；使用家用电器时，在使用后切记关掉电源或关闭电视机等，电器长时间处于通电状态容易造成火灾；要经常观察电热器具的温控、时控装置或温度指示器是否失灵，避免温度过高起火。

另外，还要保持楼梯、走道畅通，严禁在楼梯、走道上堆放杂物；配置必要的家用消防器材，万一发生火灾就能利用消防器材迅速扑灭初起火灾、减少损失。

冬季防火小常识

一、忌家用电器"带病工作"

1. 危险性

电气线路火灾就是指输配电及用电线路使用、安装不当，主要是指当电气线路发生短路、负荷过重、接触不良等故障，引燃周围可燃物而引发的火灾。

家用电器火灾一类是指使用电吹风、电热毯、电暖气、电熨斗、电磁炉等电加热器具时，因使用方法不当或器具本身存在质量问题，引起火灾。另一类是电视机、电冰箱、洗衣机等家用电器，因使用不当或电器设备内部元器件、线路老化等原因，导致其故障发热引起的火灾。

2．措施

（1）一旦家用电器出现故障，一定要及时维修，千万不能让电器带"病"工作。

（2）不要把电器装置件安装在露天和有腐蚀气体的场所，厨房内最好使用封闭式的。电器装置件与导线连接处应接触牢固，插座附近不要堆积可燃物，特别要注意不能用裸线头代替插头。

（3）各种电热器要按产品说明书正确安装，通电使用时不要离人。防止线路超负荷运行，不要将电热器直接放在可燃物（木质、塑料等）制成的台板上。

二、忌吸烟

1．危险性

燃着的香烟头能引起许多物质起火。因为烟头的表面温度为200~300℃，中心温度达700~800℃，足以引燃棉、麻、纸张等固体物质，更能引起各种燃烧气体的燃烧。大风天室外吸烟，乱扔烟头，在一些禁火地点吸烟或躺在床上吸烟等，很容易引发火灾事故。

2．措施

（1）严禁在一切易燃易爆单位、物资仓库和其他一切禁烟区内吸烟。

（2）禁止在维修汽车和清洗机械零件时吸烟。吸烟时应到安全地带，烟头未熄时不得带入工作场所。

（3）纠正不良的吸烟习惯，如不准躺在床上或沙发上吸烟，不准在劳动和寻物时吸烟，不准乱丢烟头和未烧尽的火柴梗、乱磕烟灰，更不准将引燃的烟头随处乱放等。

（4）禁止大风天在室外或野外吸烟。

三、忌儿童玩火

1. 危险性

喜欢玩火的小孩，一般年龄在5~12岁，主要表现在学大人做"假烧饭"游戏，在床下或其他黑暗角落划火柴，模仿大人吸烟，在炉灶旁烤、烧食物，随意焚烧废纸、柴草；玩弄火柴、打火机及开关液化气炉具，在室外点火取暖，在可燃物附近燃放烟花爆竹，以及进入危险厂房、仓库内点火玩耍等，极易起火成灾。

2. 措施

家长应对孩子加强管教，使他们认识到玩火的危险性，做到不玩火。要把火柴、打火机等放在孩子拿不到的地方，家中的煤气炉灶（液化气炉灶）等不要让孩子随意开启。对孩子模仿大人吸烟的行为要制止，不准孩子在易燃物旁或野外玩火。室内、可燃建筑、柴草堆等场所禁止孩子燃放烟花爆竹，更不准孩子摆弄鞭炮中的火药。

四、烘烤衣物

1. 危险性

有些人习惯用电暖气、电吹风、电熨斗等取暖设备来烘烤衣物。事实上，这种做法危险性极大，不仅容易烤坏衣物，还容易引发火灾事故。

2. 措施

（1）在使用电暖气、电吹风、电熨斗等取暖设备来烘烤衣物时，操作人员不要轻易离开。

（2）在熨烫衣物的间歇，要把电熨斗竖立放置或放在专用的电熨斗架上，切不可放在易燃的物品上，也不要把电熨斗放在下面有可燃物质的铁板或砖头上。不随意乱放刚断电的电熨斗，应待其完全冷却后再放存起来。

（3）使用通电时的电吹风，人不能离开，更不能随便搁置在台凳、沙发、床垫等可燃物上，要养成使用完毕立即切断电源的习惯，特别是遇到临时停电或电吹风出现故障时更应如此。严禁在禁火场所及易燃、易爆危险场所使用电吹风。

五、气体泄漏

1. 危险性

在冬季，人们为了御寒，往往把门窗关闭得严严实实，使得现场通风换气条件较差。如果有可燃性气体或易燃液体蒸气散发，便会在局部空间积聚，当在空气中的浓度达到该气体的爆炸极限浓度范围时，遇到火源就会发生爆炸引起火灾。

2. 措施

（1）保证室内通风良好。

（2）使用时人不能离开，每次使用完后，要及时将阀门开关关闭。

（3）发现有煤气泄漏，应立即打开门窗，进行通风。

家庭安全用火与预防

一、安全使用炉火

1. 烟囱要远离电线、顶棚、木墙壁和木门窗等，至少相隔0.2米以上。

2. 炉体周围应有防护或离开可燃物0.5米以上。

3. 清除炉灰、炉渣时不要乱倒，不可接触可燃物，最好要有固定的安全地方，刮风天倒炉灰更应注意。

4. 生火时千万不要用汽油、柴油和酒精等引火。

二、安全使用液化石油气

1. 液化石油气灶具不能放在卧室、办公室、阳台或仓库、礼堂等公共场所内，以防漏气失火。

2. 正确掌握开关的使用方法，要火等气，不要气等火，用毕切记关阀门、开关，阀门坏了要及时更换。不要让儿童使用灶具或随意玩弄开关。

3. 使用液化气时，要有人看管，不可远离，随时注意调节火头的大小，防止汤水外溢浇灭火焰或被风吹灭火焰，引起跑气。

4. 液化气罐应直立，不能倒放，更不能用开水泡或火烤。

5. 如发现有气漏出，应立即采取措施：打开门窗，用扇子煽，以便通风换气（但不能用电扇吹），然后查找漏气部位。

图书馆、档案馆防火需知

在学校内，图书馆和档案馆是重要的防火部位，做好消防安全工作，必须做好以下防火措施：

1. 图书馆和档案馆应严格按照《建筑设计防火规范》进行设计和建设，应安装室内、外消防给水设备；安装火灾自动报警、自动灭火系统，配备足够的灭火器材；

2. 贵重书籍和档案资料场所，为了避免火灾扑救中的水渍损失，忌用水灭火，应选用干粉灭火器或气体灭火器；

3. 在书库内不得使用碘钨灯照明；采用白炽灯时，距离可燃物不应少于50cm；在书库内不得使用任何电源；

4. 加强日常防火管理，严格控制用火，在对图书馆和档案馆杀虫时，应在相关人员指导下，采取安全可靠的措施进行。

校园火灾与安全隐患

校园常见火灾类型

一、生活火灾

生活用火一般是指人们的炊事用火、取暖用火、照明用火、点蚊香、吸烟、烧荒、燃放烟花爆竹等，由生活用火造成的火灾称为生活火灾。

随着社会的全面进步发展，炊事、取暖用火的能源选择日益广泛，有燃气、燃煤、燃油、烧柴、用电等多种形式。学生生活用火造成火灾的现象屡见不鲜，原因也多种多样，主要有：在宿舍内违章乱设燃气、燃油、电器火源；火源位置接近可燃物；乱拉电源线路，电线穿梭于可燃物中间；违反规定存放易燃易爆物品；使用大功率照明设备，用纸张、可燃布料做灯罩；躺在床上吸烟、乱扔烟头；在室内燃放烟花爆竹；玩火等。

二、电气火灾

目前大学生拥有大量的电器设备，大到电视机、电脑、录音机，小到台灯、充电器、电吹风，还有违规购置的电热毯、热得快、电炉等电热器具。学生宿舍由于所设电源插座较少，大学生违章乱拉电源线路现象普遍，不合安全规范的安装操作致使电源短路、断路、接点接触电阻过大、负荷增大等引起电气火灾的隐患增多。电器设备如果是不合格产品，也是致灾因素。尤其是电热器的大量不规范使用，极易引发火灾。

三、自然现象火灾

自然现象火灾不常见，这类火灾基本有两种：一种是雷电，一种是物质的自然。雷电是常见的自然现象，它是大气层运动产生高压静电再行放电，放电电压有时达到几万伏，释放能量巨大。当作用于地球表面时，具有相当大的破坏性。它产生的电弧可为引起火灾的直接火源，摧毁建筑物或窜入其他设备可引起多种形式的火灾。

预防雷电火灾就必须合理安装避雷设施。自燃是物质自行燃烧的现象。如黄磷、锌粉、铝粉等燃点低的一类物质在自然环境下就可燃烧；钾、钠等碱金属遇水即剧烈燃烧；不干的柴草、煤泥、沾油的化纤、棉纱等大量堆积，经生物作用或氧化作用积聚大量热量，使物质达到自燃点而自行燃烧发生火灾。对自燃物品一定要以科学的态度和手段加强日常管理。

四、人为纵火

纵火都带有目的，一般多发生在夜深人静之时，有较大的危害性。有旨在毁灭证据、逃避罪责或破坏经济建设等多种形式的刑事犯罪分子纵火，还有旨在烧毁他人财产或危害他人生命的私仇纵火等。这类纵火都是国家严厉打击的犯罪行为。

另外,还有精神病人纵火,是由于病人对自己的行为无法控制而产生的,所以,精神病的监护人一定要履行好自己的监护职责。

校园火灾的人员疏散

一、安全疏散

1. 正确通报,防止混乱。在遇险人员还不知道发生火灾,而且人数多,疏散条件差的情况下,义务消防队员应首先通知处于出口附近或最不利点的人员,让他们先疏散出去。然后再逐步扩大范围,使大部分人员安全疏散后,可视情况公开通报其他人员。如火势猛烈,且疏散条件较好时,亦可同时公开通报,但必须注意方法,防止发生混乱。

2. 创造条件,疏导掩护。起火后,义务消防队员在发出火警通报的同时,要设法将所有的逃生通道和照明设施打开。通道较少时,可组织人员利用窗口、打洞等方法,开辟新的疏散通道。由于人们急于逃生的心理作用,起火后可能会一起拥向有明显的标志的出口,造成拥挤混乱。义务消防队员要设法引导,为人们指明其他疏散通道;同时要以镇定的语气不断呼喊,消除人们猝然遇险后产生的恐慌心理,使人们有条不紊地安全疏散。

3. 在火势较大,直接威胁人员安全,影响疏散或可能造成建筑物倒塌时,义务消防队员要利用水枪等灭火器材,全力堵截火势发展,掩护被困人员疏散。如人员较多,聚集在出口时,要派人疏导,向外拖拉。有人跌倒时,还要设法阻止人流,迅速扶起摔倒人员,防止出现伤亡事故。

二、注意事项

1. 睡觉时被烟雾呛醒,应迅速下床匍匐爬到门口,把门打开一道缝,看门外是否有烟火,若烟火封门,千万别出去!应立即改走其他出口。通过其他房间后,将门窗关上,这样可以起到阻隔烟火,延缓火势蔓延的作用。

2. 不要为了抢救贵重物品而冒险返回正在燃烧的房间,这样很容易陷入火海；从睡梦中惊醒后，不要等穿好了衣服才往外跑，此刻时间就是生命。

3. 当人们被烟火围困在屋内时，应用水浸湿毯子或被褥，将其披在身上，尤其要包好头部，最好能用湿毛巾或湿布蒙住口鼻，搞好防护措施再向外冲，这样受伤的可能性要小得多。

4. 向外冲时，假如人们的衣服着火，应及时倒地打滚，用身体将火压熄。如果衣服着火者只顾惊慌奔跑，别人应将其扑倒，用大衣、被子、毛毯等覆盖他的身体，使火熄灭。

学校火灾隐患的部位及物品

1. 普通教室课堂上进行的实验和演示需用火、用电或化学危险物品。

2. 视听教室的演播室、电子计算机中心等部位所用吸音材料不少是可燃材料，并安装了碘钨灯和聚光灯等照明设备。

3. 维修间用火用电多，同时还经常用易燃液体。

4. 电影放映室放映机灯箱温度较高，如发生卡片不能及时排除故障有可能使影片着火。在修接胶片时所用的丙酮遇明火也极易起火。

5. 实验室内贮有一定量的易燃易爆化学危险品，如使用和保管不当，极易引发火灾。另外，在实验进程中常用明火进行加热、蒸馏、等实验操作，以及使用电热仪器时用电量过大等等都可能出现危险。

6. 学生宿舍、大教室、俱乐部、食堂等人员集中的场所安全疏散出口不足，甚至被堵塞，一旦发生火灾，易造成人员伤亡。

7. 食堂、实验室、宿舍等场所用火用电量大，特别是食堂以煤气、液化石油气等作为燃料，极易发生爆炸起火事件。

8. 有的学生宿舍由于管理不严，有些学生随意拽拉电线、使用电炉做饭、电暖风取暖，使用电熨斗，有些学生用酒精炉、柴油炉做饭，还有的夜间熄灯后点蜡看书，由于使用不当或离人，无人看管而引起火灾。

教室火灾隐患

1. 门不畅通或只开一个门；
2. 使用大功率照明灯或电热器具取暖靠近易燃物；
3. 违反操作规程使用电子教具；
4. 线路老化或超负荷；
5. 不按照安全规定存放易燃物品；
6. 在教室内吸烟、乱丢烟头。

实验室的火灾隐患

1. 实验室易燃易爆物品保存不当或打碎洒落；
2. 实验过程中违反操作规程；
3. 实验过程缺少专人指导；
4. 实验项目缺少防火措施；
5. 试剂混存。

图书馆的火灾隐患

1. 电线、电器设备发生短路；
2. 火柴、打火机等意外点燃；
3. 吸烟、乱扔烟头；
4. 疏散通道不畅。

宿舍的火灾隐患

1. 使用劣质电器；
2. 违章使用大功率用电设备，使线路超负荷；

3. 私接乱拉电线；
4. 卧床吸烟；
5. 在蚊帐内点蜡烛看书；
6. 擅自使用煤油炉、液化气灶具、酒精炉等可能引起火灾的器具；
7. 焚烧杂物；
8. 台灯靠近枕头、被褥；
9. 手机充电器放在床上充电。

礼堂、报告厅的火灾隐患

1. 电线老化；
2. 乱丢烟头；
3. 大功率照明灯靠近幕布或易燃装饰物；
4. 违章使用明火；
5. 安全门、疏散通道堵塞；
6. 场馆内严重超过额定人数。

校园火灾的特点和类型

高校历来是各级政府和有关防火职能部门高度重视的防火重点单位，不论是哪一类型、性质的高校，都存在较大的火灾危险性。

高校除学生、教职员工外，还有大量的人员进入校园内从业、经商，因而形成了高校人员群体的层次差异。有的人员防火意识、防火能力较强，有的则较低，不注重校园的防火工作，加之人多工作面广，消防安全宣传教育、培训很难深入开展，违规违章行为时有发生，给学校的消防安全工作带来了巨大的困难。据统计，高校的火灾中80%以上源于人为因素，而学生宿舍、工棚、各类暂住人员租住地等生活场所更是火灾的多发区，习惯性违规违章行为成为引发火灾的主要因素之一。

什么是习惯性违规违章行为？举例说明，如有人想看一看油箱里是否有油，即划火柴照明，结果引燃油箱中的汽油从而发生火灾。根源在于此人习惯性想到火柴可以照明，而恰恰忽视了明火可导致易燃物着火。还有一名焊工焊接金属空桶，却发生了着火爆炸事故，原因在于他忽视了这只空桶曾经盛装过易燃易爆物品，正是桶内的残留物品引起了火灾。其它像躺在床上抽烟、乱扔烟头、在火源附近堆放可燃物品、不分场所燃放烟花爆竹、穿化纤衣物进入防静电场所等等，多带有习惯性，且较为普遍。这种习惯性行为看似小事，却往往是酿成重大火灾事故的根源。

有的学校历史较长，现存较多砖木结构的老建筑，很有校园文化和民族文化色彩，有的可称为古迹或是重点文物保护对象，但这些建筑一般存有较大的火灾隐患。风干的木结构极易被电气火源、生活火源点燃，且不易扑救。另外，老建筑也易遭雷电等自然界外力侵害。

总之，高校实验室及实验多，各类易燃易爆物品多，用火用电多，供水、供电、供气等基础设施老化的破旧建筑物多，在建的建筑工程多，人员密度高、集中而又相对分散，且习惯性违规违章行为时有发生，消防安全教育宣传不够深入和普及，安全管理时有疏漏，……等等这些均是火灾的成因。

高校火灾的特点

具有火灾事故突发、起火原因复杂的特点学校的内部单位点多面广，设备、物资存储较为分散，生产、生活火源多，用电量大，可燃物特别是易燃物种类繁多，工作人员的管理水平不一……造成起火，有人为的原因，也有自然的作用，任何环节的疏忽，都有可能造成火灾。从时间上看，火灾大都发生在节假日、工余时间和晚间；从发生的部位上看，多发生在实验室、仓库、图书馆、学生宿舍及其他人员往来频繁的公共场所等存在隐患的部位及生产、后勤部门及其出租场所，这些部位一旦发生火灾，往往具有突发性。

高层建筑增多，给火灾预防和扑救工作带来巨大困难高校因受扩招、大办各类成人高等教育等教育产业化的驱动，及高校之间教学、科研的竞争，各个学校的建设规模都在不同程度上迅速扩大，校园的发展较快，校内高层建筑增多，形成了火灾难防、难救、人员难于疏散的新特点，有的高层建筑还存在消防设备落后、消防投资不足等弊端，这些都给消防安全管理工作带来了一定难度。

火灾容易造成巨大的财产损失高校教学、科研、实验仪器设备多，中外文图书资料多，一旦发生火灾，损失惨重。精密、贵重的仪器设备，往往是国家筹集资金购置的，发生火灾损失后，很难立即补充，既有较大的有形资产损失，直接影响教学、科研与实验的正常进行，更有无形资产损失。珍贵的图书资料是一个学校深厚文化积淀的重要标志，须经过几十年的积累和保存，因火灾造成损失，则不可复得。因而，这类火灾损失极为惨重，影响极大。

人员集中，疏散困难，火灾往往造成人员伤亡，社会影响极大高校人口密度大，集中居住的宿舍公寓多，宿舍公寓内违章生活用电、用火较多，吸烟现象普遍，因用电、用火不慎而发生火灾后，火势得不到控制能很快蔓延，火烧连营，在人员密度大、影响顺利疏散逃生的情况下，难免会造成人身伤亡。高校是社会稳定的晴雨表，是各类信息的集散地，一旦发生火灾，会迅速传遍社会，特别是出现人身伤亡，会造成极为严重的社会影响。

校园常见的火灾类型

校园火灾从发生的原因上可分为以下类型：

生活火灾生活用火一般是指人们的炊事用火、取暖用火、照明用火、点蚊香、吸烟、烧荒、燃放烟花爆竹等，由生活用火造成的火灾称为生活火灾。学生生活用火造成火灾的现象屡见不鲜，原因也多种多样，主要有：在宿舍内违章乱拉电源线路，电线穿梭于可燃物中间；违反规定存放易燃易爆物品；使用大功率照明设备，用纸张、可燃布料做灯罩；躺在床上吸烟、乱扔烟头等。

案例一：2005年，某大学的一名大一男生，酒醉后躺在床上吸烟，但他很快就睡着了，烟头掉落在床上，引燃床上铺盖及宿舍内的其他可燃物，造成重大火灾事故，教训极为深刻。

案例二：2006年，某大学一名学生的一台悬于床头的台灯长时间未关断，灯泡热能烤着纸做的灯罩，引起火灾，烧毁整个宿舍。

由于多数大学生缺乏必要的消防安全知识，违章生活用火严重，酿成火灾已成必然。有统计表明，生活火灾已占校园火灾事故总数的70%以上。安全使用生活火源必须引起大学生的高度重视，大学生必须学会自防自救。

电气火灾目前大学生拥有大量的电器设备，大到电脑，小到台灯、充电器、电吹风，还有违规购置的热得快、电磁炉等电热器具。学生宿舍由于所设电源插座较少，大学生违章乱拉电源线路现象普遍，不合安全规范的安装操作致使电源短路、断路、接点接触电阻过大、负荷增大等引起电气火灾的隐患增多。电器设备如果是不合格产品，也是致灾因素。尤其是电热器的大量不规范使用，极易引发火灾。

自然现象火灾自然现象火灾不常见，这类火灾基本有两种：一种是雷电，一种是物质的自然。雷电是常见的自然现象，它是大气层运动产生高压静电再行放电，放电电压有时达到几万伏，释放能量巨大。当作用于地球表面时，具有相当大的破坏性。它产生的电弧可为引起火灾的直接火源，摧毁建筑物或窜入其他设备可引起多种形式的火灾。预防雷电火灾就必须合理安装避雷设施。自燃是物质自行燃烧的现象。如黄磷、锌粉、铝粉等燃点低的一类物质在自然环境下就可燃烧；钾、钠等碱金属遇水即剧烈燃烧；不干的柴草、煤泥、沾油的化纤、棉纱等大量堆积，经生物作用或氧化作用积聚大量热量，使物质达到自燃点而自行燃烧发生火灾。对自燃物品一定要以科学的态度和手段加强日常管理。

加强消防安全工作的对策

加强学校组织建设,落实消防安全责任制做好学校消防工作,在消防工作中认真落实责任制是根本,加强和完善各级消防组织是保障。学校的消防工作,要以公安部第61号令为准绳,并在组织机构、隐患整改,检查、巡查,消防宣传等各个方面全面落实,规范和加强消防安全管理,全面建立"安全自查,隐患自除,责任自负"的消防安全管理新机制。

提高认识,加大投入,完善设施各级教育主管部门和学校要高度重视消防安全工作,严格履行法定义务,要把解决和消除火灾隐患作为工作重点和归宿。同时,要在经济上加大投入,更新添置消防器材,完善消防设施建设,做到人、财、物有保障;消防设施齐备,管理制度健全,从硬件上保证学校的消防安全。

落实检查、巡查制度,全力消除火灾隐患教育主管部门和学校要严格依照法律法规规定,认真开展防火检查和巡查,全面排查火灾隐患;同时,要配合消防监督部门的监督抽查,实行火灾隐患整改责任制。对自查中发现的隐患和消防监督部门要求限期整改的问题,要严格按照法律要求加以整改,对一时难以整改的,除严格落实防范措施外,还要拿出整改计划,尽快加以解决。教育主管部门要把保证安全出口和疏散通道的畅通作为消防工作的重点来抓,在日常管理中,要进一步统一思想,必须保障安全出口和疏散通道的畅通。不能因为要防盗和便于管理,就将安全出口上锁或者人为分隔楼层,减少疏散楼梯数量。条件充许的,男女生应分开住宿,确实存在困难的,学校要主动与当地公安消防部门结合,在保障消防安全的前提下,采取分隔措施。教育主管部门(当前学校新建、改建、扩建工程大多由当地教委组织设计和施工招投标)应当严格遵守国家有关消防法规,主动将设计图纸报当地公安消防部门审核,施工结束后,再报公安消防部门验收,合格后再投入使用。以避免各种先天性火灾隐患。

制定灭火应急疏散预案，开展防火演练各学校应当高度重视火灾预防工作，制定详细的灭和应急疏散预案，并定期开展防火演练。一方面检查预案的可行性和科学性，进一步完善预案；另一方面使学生了解火灾情况下疏散的程序，掌握逃生方法和要点，以帮助学生尽量克服在火灾情况下的不安心理，克服盲目行为，减少人员伤亡。

加强消防安全教育，普及消防安全知识教育部门应当严格落实《消防法》第六条的"教育、劳动等行政主管部门应当将消防知识纳入教学、培训内容"法定义务，将消防安全知识课纳入教学计划，并严格执行。掌握消防知识、熟悉消防技能是学生在火灾情况下生存的需要，也是有效预防和减少火灾中人员伤亡的最有效途径，是学生的"救命课"。因此，消防安全教育要做到经常化、制度化，形式要多样化，以从根本上减少校园消防隐患，提高安全系数。

青少年是建设祖国的未来，而因为生理和心理的因素，有相当一部分学生还不具备足够的安全意识，自我保护能力较差，做好学校消防安全工作，对于确保火灾形势稳定，做好全社会的消防工作，都有着十分重要的意义。

校园火灾的事前预防方法

消防安全是社会稳定和经济建设的重要组成部分，也是高校师生员工应掌握的一门不可或缺的基本知识。因此，师生员工必须掌握一定的消防知识，及时排查消防隐患，杜绝违规行为，共同筑就全民消防工程。

学生宿舍防火

大学生宿舍（公寓）是高校的防火重点部位之一，全面做好大学生宿舍（公寓）防火工作有极其重要的意义。一般来说，生活用火是引发大学生宿舍发生火灾的重要因素。

案例：1997年5月，某高校的一名女研究生傍晚回到宿舍时，闻到一股强烈的液化气味，为看一看液化气灶何处漏气，以便采取措施，于是，她立即拉开了电灯。电灯开关产生的电火花引起室内高浓度的液化气爆炸，引发大火，造成女研究生严重烧伤。

为了杜绝大学生宿舍（公寓）发生火灾事故，同学们要做到十戒：一戒私自乱拉电源线路，避免电线缠绕在金属床架上或穿行于可燃物中间，避免接线板被可燃物覆盖。二戒违规使用电热器具。三戒使用大功率电器。四戒使用电器无人看管，必须人走断电。五戒明火照明，灯泡照明不得用可燃物作灯罩，床头灯宜用冷光源灯管。六戒床上吸烟、室内乱扔烟头、乱丢火种。七戒室内燃烧杂物、燃放烟花爆竹。八戒室内存入易燃易爆物品。九戒室内做饭。十戒使用假、冒、伪劣电器。

实验室防火

实验室风干机、烤箱、高压灭菌锅、电炉等大功率电热器具多，易燃易爆化学药品多（易燃易爆化学药品系指国家标准中以燃烧爆炸为主要物性的压缩气体、液化气体、易燃液体、易燃固体、自燃物品、遇湿易燃物品和氧化剂、过氧化剂以及具有易燃特性的部分毒害品和腐蚀品。易燃易爆化学药品遇火或受到磨擦、撞击、震动、高热或其他因素的影响，即可引起燃烧和爆炸，因而火灾危险极大。），其他火源种类也较多，所以导致实验室火灾的因素很多。

实验室防火不仅仅是消防工作的需要，也是社会主义精神文明建设及师生文明素质的重要体现。实验室一旦发生火灾，损失大、人员伤亡大、难于扑救，其历来是高校的防火重点部位，对进入实验室的人员提出严格要求是十分必要的。实验室消防安全应采取如下防范措施：

应充分做好实验前的准备，熟悉实验内容，掌握实验步骤。进行实验时，严格按实验规程操作，防止因不规范操作造成火灾。

服从实验指导老师的指导,严格遵守实验室纪律,禁止实验室玩耍、打闹,防止打破仪器设备酿成火灾。

严禁摆弄与实验无关的设备和药品,特别是电热设备。

非实验需要,严禁携带任何火种和其他与实验无关的易燃易爆物品进入实验室,减少实验室致灾因素。

严禁闲杂人员特别是小孩进入实验定,防止因外人的违章行为导致火灾。

严禁在实验室居住,更不能在实验室内及附近使用生活用火,特别是不能使用明火,更不准燃放烟花爆竹,防止引燃室内易燃物和其他可燃物发生火灾。

注意电热器具的正确使用和保管,正在使用的电热器具不准接近可燃物。

严格实验室用电制度,用电及电器安装必须符合国家规定的技术规范。

详细掌握所处实验室内药品的化学特性,严禁将化学性质相抵触的药品混装、混放,实验剩余的药品必须按规定处理,严禁带走或倒入下水道。

每一名师生都要时时保持警惕,强化火灾预防意识,如发生火灾,应立即扑救和报警,防止火灾蔓延、扩大。

公共场所防火

随着高校建设发展,教室、餐厅、歌厅、舞厅、放映厅、网吧、图书馆、健身房等处,人员往来频繁、密度大。公共场所管理松散,部分师生防火意识不强,室内装修使用可燃物质、有毒材料多,用电量高,高热量照明设备多,空间大,吸烟者多,乱扔烟头、火种现象严重等诸多因素,都是严重的火灾隐患,这些地方时有重大火灾发生,极易造成人员伤亡特别是群死群伤。

案例:1999年,某高校一年级一男生,晚饭后同朋友一起去校舞厅娱乐，休息时用一张点燃的报纸相互点烟，未熄灭的报纸随即被塞入沙发下，时间不长即引燃沙发，随即火势蔓延，烟雾弥漫，造成整个舞厅烧毁、多名大学生受伤的重大事故。

应特别指出的是，目前大学生上网很普遍，有关教训应引起同学们的高度重视。

案例： 2002年4月，唐山市一营业性网吧起火，管理人员及在场的上网或娱乐人员大都不懂如何扑救初起火灾和疏散逃生，酿成17人死亡的重大事故。

因此，同学们在公共场所滞留时，应掌握如下防火知识和方法：

清醒认识公共场所的火灾危险性，时刻提防。

严格遵守公共场所的防火规定，摒弃一切不利于防火的行为。

进入公共场所，首先要了解所处场所的情况，熟悉防火通道。

善于及时发现初起火灾，做出准确判断，能及时扑救的要及时扑救，形成蔓延的要立即疏散逃生。

要具有见义勇为的精神，及时帮助遭受伤害的人员迅速撤离、脱险。

楼房防火

楼房与平房相比，防火的侧重面不同。楼房一旦着火，楼梯通道往往被烟火封住，电梯也往往因断电停运，楼内人员难于逃离，加上扑救困难，所以楼房着火很可能造成严重损失和重大伤亡。

楼房防火主要应注意以下几点：

第一，管好火源。液化石油气灶要放在厨房或单独的房间里，不要和煤炉在同一个房间里使用。房间要保持通气良好，无论使用液化石油气灶、煤气灶或炉火时，人都不可离开，发现漏气或意外事故，要及时采取措施。

第二，使用电器设备不要超负荷，不要随便更改或乱拉电线，不用时，要及时关上开关。

第三，教育小孩不要玩火。火柴、打火机等引火物要放在孩子拿不到的地方。

第四，阳台不要堆放废纸、木料等可燃物。

第五，不要在垃圾道内烧废纸、刨花等废弃物。

灭火与安全基本常识

在遇到火情时，我们要沉着冷静，掌握灭火的基本知识，控制及消除火情。

1. 隔离法：这是一种消除可燃物的方法。将着火物移开，不与其他物品接触。

2. 窒息法：阻止空气流入燃烧区，减少空气中氧气的含量，使火源得不到足够的氧气而熄灭。用干粉灭火器、砂、湿棉被等物灭火。

3. 冷却法：用水或其他灭火剂喷射到燃烧物上，将燃烧物的温度降低到燃点以下，迫使物质燃烧停止；或将水和灭火剂喷洒到火源附近的可燃物上，降低可燃物温度，避免火情扩大。

4. 对轻微的火情紧急应付措施：

形成火灾的，应及时报警。对突然发生的比较轻微的火情，也应掌握简便易行的，应付紧急情况的方法。

（1）水是最常用的灭火剂，木头、纸张、棉布等起火，可以直接用水扑灭。

（2）用土、沙子、浸湿的棉被或毛毯等迅速覆盖在起火处，可以有效地灭火。

（3）用扫帚、拖把等扑打，也能扑灭小火。

（4）油类、酒精等起火，不可用水去扑救，可用沙土或浸湿的棉被迅速覆盖。

（5）煤气起火，可用湿毛巾盖住火点，迅速切断气源。

（6）电器起火，不可用水扑救，也不可用潮湿的物品捂盖。水是导体，这样做会发生触电。正确的方法是首先切断电源，然后再灭火。

（7）有条件的，还可以学习一些简易灭火器的使用方法。

常见的灭火器及使用方法

灭火器的种类很多，按其移动方式可分为：手提式和推车式；按驱动灭火剂的动力来源可分为：储气瓶式、储压式、化学反应式；按所充装的灭火剂则又可分为：泡沫、干粉、卤代烷、二氧化碳、酸碱、清水等。

一、手提式泡沫灭火器

适用于扑救一般B类火灾，如油制品、油脂等火灾，也可适用于A类火灾，但不能扑救B类火灾中的水溶性可燃、易燃液体的火灾，如醇、酯、醚、酮等物质火灾；也不能扑救带电设备及C类和D类火灾。

可手提筒体上部的提环，迅速奔赴火场。这时应注意不得使灭火器过分倾斜，更不可横拿或颠倒，以免两种药剂混合而提前喷出。当距离着火点10米左右，即可将筒体颠倒过来，一只手紧握提环，另一只手扶住筒体的底圈，将射流对准燃烧物。在扑救可燃液体火灾时，如已呈流淌状燃烧，则将泡沫由远而近喷射，使泡沫完全覆盖在燃烧液面上；如在容器内燃烧，应将泡沫射向容器的内壁，使泡沫沿着内壁流淌，逐步覆盖着火液面。

切忌直接对准液面喷射，以免由于射流的冲击，反而将燃烧的液体冲散或冲出容器，扩大燃烧范围。在扑救固体物质火灾时，应将射流对准燃烧最猛烈处。

灭火时随着有效喷射距离的缩短，使用者应逐渐向燃烧区靠近，并始终将泡沫喷在燃烧物上，直到扑灭。使用时，灭火器应始终保持倒置状态，否则会中断喷射。

手提式泡沫灭火器存放应选择干燥、阴凉、通风并取用方便之处，不可靠近高温或可能受到曝晒的地方，以防止碳酸分解而失效；冬季要采取防冻措施，以防止冻结；并应经常擦除灰尘，疏通喷嘴，使之保持通畅。

二、推车式泡沫灭火器

其适应火灾与手提式化学泡沫灭火器相同。

使用时，一般由两人操作，先将灭火器迅速推拉到火场，在距离着火点10米左右处停下，由一人施放喷射软管后，双手紧握喷枪并对准燃烧处；另一个则先逆时针方向转动手轮，将螺杆升到最高位置，使瓶盖开足，然后将筒体向后倾倒，使拉杆触地，并将阀门手柄旋转90度，即可喷射泡沫进行灭火。如阀门装在喷枪处，则由负责操作喷枪者打开阀门。

灭火方法及注意事项与手提式化学泡沫灭火器基本相同，可以参照。由于该种灭火器的喷射距离远，连续喷射时间长，因而可充分发挥其优势，用来扑救较大面积的储槽或油罐车等处的初起火灾。

三、空气泡沫灭火器

适用范围基本上与化学泡沫灭火器相同。但抗溶泡沫灭火器还能扑救水溶性易燃、可燃液体的火灾如醇、醚、酮等溶剂燃烧的初起火灾。

使用时可手提或肩扛迅速奔到火场，在距燃烧物6米左右，拔出保险销，一手握住开启压把，另一手紧握喷枪，用力捏紧开启压把，打开密封或刺穿储气瓶密封片，空气泡沫即可从喷枪口喷出。灭火方法与手提式化学泡沫灭火器相同。

空气泡沫灭火器使用时，应使灭火器始终保持直立状态，切勿颠倒或横卧使用，否则会中断喷射。同时应一直紧握开启压把，不能松手，否则也会中断喷射。

四、酸碱灭火器

适用于扑救A类物质燃烧的初起火灾，如木、织物、纸张等燃烧的火灾。它不能用于扑救B类物质燃烧的火灾，也不能用于扑救C类可燃性气体或D类轻金属火灾。同时也不能用于带电物体火灾的扑救。

使用时应手提筒体上部提环，迅速奔到着火地点。决不能将灭火器扛在背上，也不能过分倾斜，以防两种药液混合而提前喷射。在距离燃烧物6米左右,即可将灭火器颠倒过来,并摇晃几次,使两种药液加快混合;一只手握住提环,另一只手抓住筒体下的底圈将喷出的射流对准燃烧最猛烈处喷射。同时随着喷射距离的缩减,使用人应向燃烧处推近。

五、二氧化碳灭火器

灭火时只要将灭火器提到或扛到火场,在距燃烧物5米左右,放下灭火器拔出保险销,一手握住喇叭筒根部的手柄,另一只手紧握启闭阀的压把。对没有喷射软管的二氧化碳灭火器,应把喇叭筒往上扳70~90度。使用时,不能直接用手抓住喇叭筒外壁或金属连线管,防止手被冻伤。灭火时,当可燃液体呈流淌状燃烧时,使用者将二氧化碳灭火剂的喷流由近而远向火焰喷射。

如果可燃液体在容器内燃烧时,使用者应将喇叭筒提起。从容器的一侧上部向燃烧的容器中喷射。但不能将二氧化碳射流直接冲击可燃液面,以防止将可燃液体冲出容器而扩大火势,造成灭火困难。

推车式二氧化碳灭火器一般由两人操作,使用时两人一起将灭火器推或拉到燃烧处,在离燃烧物10米左右停下。一人快速取下喇叭筒并展开喷射软管后,握住喇叭筒根部的手柄;另一人快速按逆时针方向旋动手轮,并开到最大位置。灭火方法与手提式的方法一样。

使用二氧化碳灭火器时,在室外使用的,应选择在上风方向喷射。在室外窄小空间使用的,灭火后操作者应迅速离开,以防窒息。

六、MP型手提式泡沫灭火器

主要由筒体、器盖、瓶胆和喷嘴等组成。筒体内装碱性溶液,瓶胆内装酸性溶液,瓶胆用瓶盖盖上,以防酸性溶液蒸发或因震荡溅出而与碱性溶液混合。使用灭火器时,应一手握提环,一手抓底部,把灭火器颠倒过来,轻轻抖动几下,对火喷射。

七、1211手提式灭火器

使用时,应将手提灭火器的提把或肩扛灭火器带到火场。在距燃烧处5米左右,放下灭火器,先拔出保险销,一手握住开启把,另一手握在喷射软管前端的喷嘴处。如灭火器无喷射软管,可一手握住开启压把，另一手扶住灭火器底部的底圈部分。先将喷嘴对准燃烧处，用力握紧开启压把，使灭火器喷射。

当被扑救可燃烧液体呈现流淌状燃烧时，使用者应对准火焰根部由近而远并左右扫射，向前快速推进，直至火焰全部扑灭。如果可燃液体在容器中燃烧，应对准火焰左右晃动扫射，当火焰被赶出容器时，喷射流跟着火焰扫射，直至把火焰全部扑灭。但应注意不能将喷流直接喷射在燃烧液面上，防止灭火剂的冲力将可燃液体冲出容器而扩大火势，造成灭火困难。如果扑救可燃性固体物质的初起火灾时，则将喷流对准燃烧最猛烈处喷射，当火焰被扑灭后，应及时采取措施，不让其复燃。

1211灭火器使用时不能颠倒，也不能横卧，否则灭火剂不会喷出。另外在室外使用时，应选择在上风方向喷射；在窄小的室内灭火时，灭火后操作者应迅速撤离，因1211灭火剂也有一定的毒性，以防对人体的伤害。

八、推车式1211灭火器

灭火时一般由两个人操作，先将灭火器推或拉到火场，在距燃烧处10米左右停下。一人快速放开喷射软管，紧握喷枪，对准燃烧处；另一个则快速打开灭火器阀门。灭火方法与手提式1211灭火器相同。推车式灭火电器的维护要求与手提式1211灭火器相同。

九、1301灭火器

1301灭火器的使用方法和适用范围与1211灭火器相同。但由于1301灭火剂喷出成雾状，在室外有风状态下使用时，其灭火能力没1211灭火器高，因此更应在上风方向喷射。

十、干粉灭火器

碳酸氢钠干粉灭火器适用于易燃、可燃液体、气体及带电设备的初起火灾；磷酸铵盐干粉灭火器除可用于上述几类火灾外，还可扑救固体类物质的初起火灾。但都不能扑救金属燃烧火灾。

灭火时，可手提或肩扛灭火器快速奔赴火场，在距燃烧处5米左右，放下灭火器。如在室外，应选择在上风方向喷射。使用的干粉灭火器若是外挂式储压式的，操作者应一手紧握喷枪，另一手提起储气瓶上的开启提环。如果储气瓶的开启是手轮式的，则向逆时针方向旋开，并旋到最高位置，随即提起灭火器。当干粉喷出后，迅速对准火焰的根部扫射。

使用的干粉灭火器若是内置式储气瓶的或者是储压式的，操作者应先将开启把上的保险销拔下，然后握住喷射软管前端喷嘴部，另一只手将开启压把压下，打开灭火器进行灭火。有喷射软管的灭火器或储压式灭火器在使用时，一手应始终压下压把，不能放开，否则会中断喷射。干粉灭火器扑救可燃、易燃液体火灾时，应对准火焰要部扫射，如果被扑救的液体火灾呈流淌状燃烧时，应对准火焰根部由近而远，并左右扫射，直至把火焰全部扑灭。如果可燃液体在容器内燃烧，使用者应对准火焰根部左右晃动扫射，使喷射出的干粉流覆盖整个容器开口表面；当火焰被赶出容器时，使用者仍应继续喷射，直至将火焰全部扑灭。

在扑救容器内可燃液体火灾时，应注意不能将喷嘴直接对准液面喷射，防止喷流的冲击力使可燃液体溅出而扩大火势，造成灭火困难。如果当可燃液体在金属容器中燃烧时间过长，容器的壁温已高于扑救可燃液体的自燃点，此时极易造成灭火后再复燃的现象，若与泡沫类灭火器联用，则灭火效果更佳。

使用磷酸铵盐干粉灭火器扑救固体可燃物火灾时，应对准燃烧最猛烈处喷射，并上下、左右扫射。如条件许可，使用者可提着灭火器沿着燃烧物的四周边走边喷，使干粉灭火剂均匀地喷在燃烧物的表面，直至将火焰全部扑灭。

十一、推车式干粉灭火器

推车式干粉灭火器的使用方法与手提式干粉灭火器的使用相同。

家庭常用灭火器及放置

1. 干粉灭火器。这种灭火器因筒体中充满干粉灭火剂而得名。

它主要适用于扑救液体火灾、带电设备火灾，特别适用于扑救气体火灾，但不宜用于扑救精密仪器火灾。

2. 泡沫灭火器。用喷射泡沫进行灭火的灭火器，主要适用于扑救油品火灾，如汽油、煤油、植物油等初起火灾；也可用于扑救一般固体物质火灾，如木、棉、麻、竹等火灾及飞机、汽车事故引发的火灾；不适于扑救带电设备火灾及气体火灾。

3. 二氧化碳灭火器。利用气化了的二氧化碳气体进行灭火。适用于扑灭图书档案资料、精密仪器、贵重设备火灾。由于其不导电，可扑救带电设备火灾。

在你的厨房中，应该有一个灭火毯，如果允许，最好还要有一个多用途灭火器，不要放在靠近蒸锅、刀具或烤炉的地方（最好靠近门摆放），这样可以在出现火情的时候，及时将其扑灭。

在你的安全出口摆放一个灭火器，也是一个不错的主意。这意味着需要在一层的楼梯平台和走廊中放一个灭火器。通常而言，灭火器应该放在靠近出口门处。

常见火灾的扑救方法

一、家具、被褥等起火

一般用水灭火。用身边可盛水的物品如脸盆等向火焰上泼水，也可把水管接到水龙头上喷水灭火；同时把燃烧点附近的可燃物泼湿降温。但油类、电器着火不能用水灭火。

二、电器起火

家用电器或线路着火，要先切断电源，再用干粉或气体灭火器灭火，不可直接泼水灭火，以防触电或电器爆炸伤人。

电视机万一起火，绝不可用水浇，可以在切断电源后，用棉被将其盖灭。灭火时，只能从侧面靠近电视机，以防显像管爆炸伤人。若使用灭火器灭火，不应直接射向电视屏幕，以免其受热后突然遇冷而爆炸。

三、油锅起火

油锅起火时应迅速关闭炉灶燃气阀门，直接盖上锅盖或用湿抹布覆盖，还可向锅内放入切好的蔬菜冷却灭火，将锅平稳端离炉火，冷却后才能打开锅盖，切勿向油锅倒水灭火。

四、燃气罐着火

要用浸湿的被褥、衣物等捂盖火，并迅速关闭阀门。

家庭常用灭火方法

家里一旦发生火灾，首先不能慌乱，其次要采取科学方法灭火。现介绍几种常用的灭火方法：

1. 冲水冷却法：将水直接喷射到燃烧物上，熄灭火焰，或将水喷到附近未燃烧的可燃物上，使可燃物免受火焰热辐射的威胁，避免燃烧。

2. 隔绝空气法：用湿棉被等难燃物或不燃物覆盖在燃烧物表面上，隔绝空气，将火熄灭。

3. 防止蔓延法：将火附近的易燃物和可燃物，从燃烧区转移走；将可燃物和助燃物与燃烧区隔离开，防止正在燃烧物品飞散，以阻止燃烧蔓延。

初起阶段的火灾，如果发生在家里，可用浸湿的棉被、麻袋等去覆盖，也能使火熄灭。

我们在家里烧菜的时候油锅着火了。只要迅速用锅盖盖住油锅，然后把锅端开就没事了。这是因为锅盖将着火的油和空气隔开了，油得不到足够的空气，也就得不到必要的氧气，没有氧气，油就不能继续燃烧。

同样道理，用浸湿的棉被、麻袋等去覆盖着火的燃烧物，并将燃烧的东西全部盖住，也是为了阻止氧气的进入，使火熄灭。但对付初起的火灾，关键在于"快"，不能使火有扩大蔓延的机会。

家庭救火应急措施

家里发生火情,一定不要惊慌失措,牢记以下应急措施。

1. 初起火最易扑灭,在消防车未到前,如能集中全力抢救,常能化险为夷,转危为安。

2. 要早报警,报警愈早,损失愈小。牢记"119"火警电话。

3. 要先救火,后搬运财物,片刻延误,易成巨灾。失火时,不宜先抢救财物,易被烟呛窒息而死或失去逃生的时机。

4. 要沉着冷静,严守秩序,才能在火场中安全撤退。倘若争先恐后,互相拥挤,阻塞通道,导致自相践踏,会造成不应有的惨剧。

5. 下楼通道被火封住,欲逃无路时,将被单、台布撕成布条,结成绳索,牢系窗槛,再用衣角护住手心,顺绳滑下。

6. 邻室起火,万勿开门,应跳入窗户阳台,呼喊救援或用前法脱险。否则,热气浓烟,乘虚而入,使人窒息。

7. 烟雾较浓时,不必惊慌,宜用膝、肘着地,匍匐前进,因为近地处往往残留清新空气。注意,呼吸要小而浅。

8. 在非上楼不可的情况下,必须屏住呼吸上楼。因为浓烟上升的速度是每秒3~5米,而人上楼的速度是每秒0.5米。

9. 逃离时,要用湿毛巾掩住口鼻。也可用房内花瓶、水壶、金鱼缸里的水打湿衣服、布类等掩住口鼻。带婴儿逃离时,可用湿布轻蒙在婴儿的脸上,一手抱着他,一手着地爬行逃出。

10. 逃离前必须先把有火房间的门关紧。特别是在住户多的大楼及旅馆里,采用这一措施,使火焰、浓烟禁锢在一个房间之内,不致迅速蔓延,能为自己和大家赢得宝贵时间。

火灾报警基本常识

一旦发生火灾,要迅速拨打电话"119"向消防队报警,并立即组织人员扑救。扑救时要先救人后救物，先重点后一般，先断电后救火，并注意顺风救灾，特别是野外火场。

灭火时一般就地取材，如用水、砂、土等灭火器材，特别要设法控制火势蔓延。严禁动员组织中小学生参加山林火灾的扑救工作。同时要加强不准中小学生参加扑救森林火灾的教育管理，遇有自发扑救森林火灾的情况，学校和有关部门应及时加以劝阻，以防止发生不必要的人身伤亡事故。

报警要注意以下几点：

1. 要说明失火单位或住户所在的区（县）、街道或乡、村。有重名时，要区别开来，以免找错。地名或单位名称有相似或易混的字，要加以强调，说得清楚明白。

2. 要报清、报全单位和街、巷名称，不要用简称。

3. 要说明是什么物质着火和火势大小。这样便于消防队根据燃烧对象和火势大小来决定其出动的车辆和警力。

4. 要说明报警人的姓名和所用电话的号码，因报警人所用电话往往离火场较近，消防队在出动力量到达之前，可以用此电话向报警询问火势发展情况，便于指挥调动。

5. 报警后，应由熟悉情况的人到离火场最近的路口迎候消防车或指引通道，提供水源位置等情况，以便迅速灭火。

6. 遇到火情不要围观，这样既有碍于消防队员灭火，也不利于我们的安全。

7. 特别要注意的是，不能随意拨打火警电话，假报火警是扰乱公共秩序，妨碍公共安全的违法行为。如果发现有人假报火警，要加以制止。

生活中的消防误区

1. 液化气钢瓶置于灶台下壁橱内。液化气钢瓶由于质量、使用时间以及管路阀门的开启连接等因素都有可能造成漏气或慢性漏气。而液化石油气成分大多为碳三碳四，即丙烷、丁烷、丙烯、丁烯等，且比空气重，放在壁橱内空气不流通，很容易积聚沉淀在地面，一旦遇明火极易造成燃烧爆炸事故。经计算，当房间里泄漏出的煤气、液化气和空气混合达到4.5%～35.8%时，遇到火种就会产生爆炸燃烧。因此，液化石油气钢瓶应置于远离灶台、空气流通又便于人们操作和观察的地方。

2. 电线不穿管预埋。人们在装修过程中，为了追求装修的美观，往往将电线不经穿管保护而直接预埋于墙体中。而一些从未经过电工培训的人员，安装电器线路时不管怎样的接线方式安全、线径多少、负荷多少、怎样分区供电等，就直接将电器线路埋于墙体。

随着使用时间的推移，家用电器的增多，一旦线路故障或损坏，你想要维修整改也找不着门路，轻者造成短路影响家用电器安全，重者则会引起火灾。

3. 家用电器不拔插头。随着科学技术的进步和发展，家用电器也越来越多样化、智能化，遥控器一拿，轻轻一按，开关自如。殊不知，家用电器在设计时，有些电源开关设计在电源变压器的副边，当你使用遥控器关闭电视机等时，变压器原边仍在通电，虽然它通过的电流很小，但长时间通电，电流会使电源变压器继续升温，电源变压器的线圈和绝缘性就会因短路或炭化而起火，或者"吸引"雷电的侵入，引起电视机等家用电器短路过载而发生火灾爆炸事故。因此，在使用完家用电器之后，还是应该切断电源，以防万一。

4. 阳台作仓库。家庭总有一些不肯舍弃的杂物和日常需要使用的物品。因此，储藏室和阳台也就成了有些家庭的杂物仓库，有的甚至把油漆、车用汽油等易燃易爆物品都放在阳台上，使阳台成了火险丛生之地。夏季阳光的直射以及小孩玩火等因素，都可能造成阳台火灾。同时，现代家庭几乎都装有防盗门窗等设施，一旦发生火灾，万一门窗等逃生通道受阻，阳台就成了最好的避难之地，因此，不应将阳台作为杂物仓库。

5. 楼道作停车地。虽然现在一些城市新建的大楼都建有停车场地,但依然还有一些居民图方便,经常将自行车等停在楼梯或低层楼道上。一些老楼这种情况尤其突出,甚至影响人们的正常行走。万一有火灾等突发事件时,通道的阻塞便可能致人死亡。

安全知识五个必做到

1. 修理电器要注意,千万不能用手试。湿手拉闸有危险,时刻不忘避险患。
2. 驾驶摩托不能快,时刻要把头盔戴。开车前夕别喝酒,一路顺风到门口。
3. 工作场地忙不乱,大车运来小车搬。装卸机车隆隆叫,安全措施别忘了。
4. 吸烟要分清地点,乱扔烟蒂有危险。又起火来又爆炸,个人国家损失大。
5. 夏季四防要搞好,防暑降温很重要。防雷防汛防台风,安全生产在其中。

火灾与自救基本常识

如果身上着火,千万不能奔跑,否则会越烧越旺。可设法脱去衣帽,来不及可撕开扔掉。如再来不及可卧倒在地上打滚,或跳到池塘、水池、小河中。

倘其他人在场,可用湿麻袋、毯子等把人身上的火包起来,切不可用灭火器直接向着火人身上喷射,因为药剂会引起伤口感染。

楼房火灾的逃生

近年来,楼房火灾事故越来越多,如遇楼房火灾,应注意以下几点。

1. 要镇静分析，不要盲目行动。要明确自己所在的楼层，要回忆楼梯和楼门的位置、走向；分析周围的火情，不要盲目开窗开门，不然会助长火势，也不要盲目乱跑，跳楼，造成不应有的伤亡。

2. 要选好逃生办法，不要惊慌失措。如必须从烟火中冲出楼房，要用湿毛巾、衣服等衣物包住头脸，尤其是口鼻部，低姿行进，以免受呛窒息。

如下楼虽已有火，但火势不大，就从楼梯冲出去。如楼梯坏了冲不出去，可利用房屋的老虎窗、阳台、水漏管、或用绳子（可用衣服或床上用品撕成系成绳索）系在牢固的门窗、重物上从窗口滑下。

如果在二三层又无上述办法被迫跳楼的，也要向地位抛些棉被等物以增加缓冲，然后手扶窗台朝下滑，以缩小下落高度并保证双脚落地。

如果各种逃生路均被大火切断，应退室内、关闭门窗，有条件的可向门窗上浇水，以延缓火势蔓延，也可向窗外扔小东西、打手电以求救。

3. 在失火的楼房内不可使用电梯。火灾时，千万不要乘坐电梯，因为电梯井直通大楼各层，烟、热、很容易涌入，由于烟囱效应的作用乘客难以承受烟熏火烤，在高温下电梯会失控甚至变形。

救火时，水容易流到电梯内在水渍的作用下，会造成触电的危险，乘客很容易被困在里面危及生命。

火场的逃生方法

当我们不幸被困在火场中时，要根据以下情况及时逃生。

1. 一旦在火场发现或意识到自己可能被烟火围困、生命安全受到威胁时，要立即放下手中的工作，争分夺秒设法脱险。先要迅速做些必要的防护准备，如穿上防护服或质地较厚的衣服，用水将身上浇湿或披上湿棉被等，尽快离开危险区域。

2. 发生火灾时，应尽量观察、判明火势情况，明确自己所处环境的危险程度，以便采取相应措施。

3. 立即查明疏散通道是否被烟火封堵，选择一条最为安全的路线逃离。如果逃生必经路线充满烟雾，可做简单防护（如用湿毛巾或口罩捂住口、鼻）穿过烟雾区。

4. 选择逃生路线，应该根据火势情况，优先选用最简便、最安全的通道。如果楼层起火，先选用安全疏散楼梯、室外疏散楼梯、普通楼梯等，如果这些通道已被烟火切断，再考虑利用楼顶窗口、阳台、落水管、避雷线等脱险。

5. 如果正常通道均被烟火切断时，可利用绳子或将床单撕开连接起来，拴在室内牢固的物体上，顺绳子或布条下到安全楼层或地面上。

6. 如果是处于二层楼，在等不到消防队救援而万不得已的情况下，有些人可以跳楼逃生。但跳楼之前，应先向地面扔一些棉被、床垫等一些柔软物品，然后用手扒住窗台或阳台，身体下垂自然落下。

7. 在各种通道都被切断，火势较大，一时又无人救援的情况下，可以退至未燃房间，关闭门窗。还可以用棉被、毛毯、衣物等将门窗遮挡，防止烟雾窜入。有条件时，要不断向门窗上泼水降温，延缓火情蔓延，等待救援。列车失火的逃生

首当其冲是使列车停驶。列车员或旅客要迅速到车厢两头连接处或车门后侧，顺时针用力旋转那里的紧急制动手柄，达到迅速停车的目的；通过车组人员的无线联络，摇动红旗车灯，通知前方列车司机停车。

如果发生火灾时列车尚在高速行驶中，在时间允许的情况下，要立即关闭车窗，因为列车在运行中风量相当大。据测算列车以每小时65公里的速度运行时，每个车窗的进风量相当于一台350W吹风机。

因此，火灾发生时，千万不要开窗，而应立即关窗。这样做，既减缓了火灾燃烧的速度，也为人们实施逃生留下了更宝贵的时间。人员疏散时，要尽量往列车行进方向撤离，因为通常列车在运行中，火是向后部车箱蔓延的，火势越大蔓延越快。

由于车门是向内开的,所以撤离时要沉着镇定,千万不要猛抢猛挤,人为堵死车门。

当列车停稳后,亦可打开车窗或用硬物击碎车窗玻璃,从车窗逃生。当确认起火车箱的旅客撤离完毕时,应迅速关闭该车箱两头车门,这样可以有效控制火势蔓延。

有条件的话,可再起火车箱牵引至易于灭火的位置后,将列车解体,将未起火的火车箱拉离火灾现场,以彻底隔绝火势。

客车失火的逃生

首先,在上车前就留心观察,如发现车况太差,不要轻易乘坐。尤其是途中有高速路段的,更要注意选择性能优越的定点班车。

途中如发现司机超速超载,违章操作,或旅客携带违禁物品时,应予以干涉和制止,这是在保护自己和他人的权益。如制止无效,可要求换乘或应做好逃生思想准备。

客车一旦失火,关键是要及时打开车门,迅速疏散人员,如万一有车门打不开的情况,旅客可迅速击碎车窗,强行多方位疏散,切不可坐以待毙。

当车辆严重撞击或倾覆时,尤其是当油箱破损,油液溢流时,首先要立即远离现场,而不要因为寻找钱物贻误逃生良机。由于汽车流动较大,发生火灾后主要靠自救。因此汽车,尤其是长途客车,必须配置适量灭火器材,以便迅速扑灭车辆初起火灾。同时,过往车辆与周围群众都应积极协助扑火和救火。

影剧院火灾的逃生

影剧院着火时,人多,疏散通道少,这就给人员逃生带来了很大的困难。下面,就这种环境下,人群如何迅速疏散的方法作一些介绍。

影剧院里，都设有消防疏散通道，并装有门灯、壁灯、脚灯等应急照明设备，用红底白字标有"太平门"、"出口处"或"非常出口"、"紧急出口"等指示标志。发生火灾后，观众应按照这些应急照明指示设施所指引的方向，迅速选择人流量较小的疏散通道撤离。

当舞台发生火灾时，火灾蔓延的主要方向是观众厅。厅内不能及时疏散的人员，要尽量靠近放映厅的一端掌握时机逃生。

当观众厅发生火灾时，火灾蔓延的主要方向是舞台，其次是放映厅。逃生人员可利用舞台、放映厅和观众厅的各个出口迅速疏散。

当放映厅发生火灾时，由于火势对观众厅的威胁不大，逃生人员可以利用舞台和观众厅的各个出口进行疏散。

发生火灾时，楼上的观众可从疏散门由楼梯向外疏散，楼梯如果被烟雾阻隔，在火势不大时，可以从火中冲出去，虽然人可能会受点伤，但可避免生命危险。此外，还可就地取材，利用窗帘布等自制救生器材，开辟疏散通道。

疏散人员要听从影剧院工作人员的指挥，切忌互相拥挤，乱跑乱窜，堵塞疏散通道，影响疏散速度。

疏散时，人员要尽量靠近承重墙或承重构件部位行走，以防坠物砸伤。特别是在观众厅发生火灾时，人员不要在剧场中央停留。若烟气较大时，宜弯腰行走或匍匐前进，因为靠近地面的空气较为清洁。

地下商场火灾的逃生

地下商场由于通道少且窄，周围密封，空气对流差，浓烟和高温不易散失，火灾扑灭更为困难。一旦发生火灾，人们往往会比其他地方发生火灾更为紧张，逃生心情更为急迫。但往往又失去平常的冷静，以致不知消防通道或安全出口的位置，疏散时辨不清方向，结果不择路线，不顾后果，致使失去有利的逃生机会。

那么，地下商场火灾的受难者如何才能安全脱离险境呢？

首先要有逃生的意识。凡进入地下商场的人员，一定要对其设施和结构布局进行观察,记住疏散通道和安全出口的位置。

地下商场一旦发生火灾,要立即关闭空调系统停止送风,防止火势扩大。同时,要立即开启排烟设备,迅速排出地下室内烟雾,以降低火场温度和提高火场能见度。

迅速撤离险区。采用自救和互救手段迅速疏散到地面、避难间、防烟室及其他安全区。

灭火与逃生相结合。严格按防火分区或防烟分区关闭防火门,防止火势蔓延或窒息火灾,把初起之火控制在最小范围内,初起火灾应采取一切可能的措施将其扑灭。

在火灾初起时,地下商场内有关人员应及时引导疏散,并在转弯及出口处安排人员指示方向,疏散过程中应注意检查,防止有人未撤出,已逃离地下商场的人员不得再返回地下。

逃生时,尽量低头前进,不要做深呼吸,可能的情况下用湿衣服或毛巾捂住口和鼻子,防止烟雾进入呼吸道。

万一疏散通道被大火阻断,应尽量想办法延长生存时间,等消防队员前来救援。

高层商场火灾的逃生

高层火灾商场(商厦)一旦发生火灾,火势蔓延迅速,疏散难度大,往往会造成人员伤亡。在火灾中,被困人员要想逃离火场,必须要有良好的心里素质,保持镇静,不惊慌,利用一切可以利用的有利条件逃生,利用高层商场内已有的设施进行逃生,是争取逃生时间,提高逃生率的重要方法。

下面举几种常见的逃生的方法:

1. 利用消防电梯进行疏散逃生,但着火时普通电梯千万不能乘坐。

2. 利用室内的防烟楼梯、普通楼梯、封闭楼梯进行逃生。利用商场的阳台、走廊、避难层、室内设置的缓降器、救生袋、安全绳等进行逃生。

3. 利用观光楼梯避难逃生。
4. 利用墙边落水管进行逃生。
5. 利用布匹、床单、窗帘等连接起来进行逃生。

集贸市场火灾的逃生

集贸市场是指非高层和地下建筑的购物场所，其逃生方法是利用疏散通道逃生。每一个场商规定设有室内楼梯、室外楼梯，有的还设有自动扶梯、消防电梯等，发生火灾后，尤其是在初期火灾阶段，这都是逃生的良好通道。在下楼梯时应抓住扶手，以免被人群撞倒。

自制器材逃生。集贸市场是物资高度集中的场所，商品种类繁多，发生火灾后，可利用逃生的物资比较多，要学会随机应用。如：将毛巾、口罩当成防烟工具捂住口、鼻子；利用绳索、布匹、床单、地毯、窗帘来开辟逃生通道；还有的集贸市场经营各种劳动保护用品，如安全帽、摩托车头盔、工作服等，可利用它们以避免烧伤和落物的砸伤。

建筑物逃生。发生火灾时，如上述两种方法都无法脱生，可利用落水管、房屋内外的凸出部位、各种门窗以及各种建筑物的避雷网（线），进行逃生或转移到安全区域再寻找机会逃生。这种逃生方法利用时，既要大胆又要细心，特别是老、弱、病、残、妇、幼等人员切不可盲目行事，否则易出现伤亡。

寻找避难处所逃生。在无路可逃的情况下，应积极寻找避难处所如阳台、楼层平顶等待救援；选择火势、烟雾难以蔓延的房间，比如厕所、保安室等，关好门窗，堵塞间隙；房间如有水源，要立刻将门、窗和各种可燃物浇湿，以阻止或减缓火和烟雾的蔓延速度。无论白天或夜晚，被困者都应大声呼救，不断发出各种呼救信号以引起救援人员的注意，帮助自己脱离困境。

歌舞厅火灾的逃生

由于歌舞厅、卡拉OK厅一般都在晚上营业,并且进出顾客随意性大,密度很高,加上灯光暗淡,失火时容易造成人员拥挤,在混乱中发生挤伤踩伤事故。因此,只有保持清醒的头脑,明辨安全出口方向和采取一些紧急避难措施,才能掌握主动,减少人员伤亡。

下边介绍几种逃生方法:

在发生火灾时,首先应该想到通过安全出口迅速逃生。特别要提醒的是:由于大多数舞厅一般只有一个安全出口,在逃生的过程中,一旦人们蜂涌而出,极易造成安全出口的堵塞,使人员无法顺利通过而滞留火场,这时就应该克服盲目从众心理,果断放弃从安全出口逃生的想法,选择破窗而出的逃生措施,对设在楼层底层的歌舞厅、卡拉OK厅可直接从窗口跳出。

对于设在二层至三层的歌舞厅、卡拉OK厅,可用手抓住窗台往下滑,以尽量缩小高度,且让双脚先着地。设在高层楼房中的歌舞厅、卡拉OK厅发生火灾时,首先应选择疏散通道和疏散楼梯、屋顶和阳台逃生。

一旦上述逃生之路被火焰和浓烟封住时,应该选择落水管道和窗户进行逃生。通过窗户逃生时,必须用窗帘或地毯等卷成长条,制成安全绳,用于滑绳自救,绝对不能急于跳楼,以免发生不必要的伤亡。

寻找避难场所。设在高层建筑中的歌舞厅、卡拉OK厅发生火灾,且逃生通道被大火和浓烟堵截,又一时找不到辅助救生设施时,被困人员只有暂时逃向火势较轻的地方,向窗外发出求援信号,等待消防人员营救。

互相救助逃生。在歌舞厅、卡拉OK厅进行娱乐活动的青年人比较多,身体素质好,可以互相救助脱离火场,或帮助长者和幼者逃生。

在逃生过程中要防止中毒。由于歌舞厅、卡拉OK厅四壁和顶部有大量的塑料、纤维等装饰物，一旦发生火灾，将会产生有毒气体。因此，在逃生过程中，应尽量避免大声呼喊，防止烟雾进入口腔。应采取用水打湿衣服捂住口腔和鼻孔，一时找不到水时，可用饮料来打湿衣服代替，并采用低姿势行走或匍匐爬行，以减少烟气对人体的伤害。

遭遇火灾的正确脱险

遭遇火灾，应采取正确有效的方法自救逃生，减少人身伤亡损失：

1. 一旦身受火灾威胁，千万不要惊慌失措，要冷静地确定自己所处位置，根据周围的烟、火光、温度等分析判断火势，不要盲目采取行动。

2. 身处平房的，如果门的周围火势不大，应迅速离开火场。反之，则必须另行选择出口脱身（如从窗口跳出），或者采取保护措施（如用水淋湿衣服、用淋湿的棉被包住头部和上身等）以后再离开火场。

3. 身处楼房的，发现火情不要盲目打开门窗，否则有可能引火入室。

4. 身处楼房的，不要盲目乱跑、更不要跳楼逃生，这样会造成不应有的伤亡。可以躲到居室里或者阳台上。紧闭门窗，隔断火路，等待救援。有条件的，可以不断向门窗上浇水降温，以延缓火势蔓延。

5. 在失火的楼房内，逃生不可使用电梯，应通过防火通道走楼梯脱险。因为失火后电梯竖井往往成为烟火的通道。并且电梯随时可能发生故障。

6. 因火势太猛，必须从楼房内逃生的，可以从二层处跳下，但要选择不坚硬的地面，同时应从楼上先扔下被褥等增加地面的缓冲，然后再顺窗滑下，要尽量缩小下落高度，做到双脚先落地。

7. 在有把握的情况下、可以将绳索（也可用床单等撕开连接起来）一头系在窗框上，然后顺绳索滑落到地面。

8. 逃生时，尽量采取保护措施，如用湿毛巾捂住口鼻、用湿衣物包裹身体。

9. 如身上衣物着火，可以迅速脱掉衣物，或者就地滚动，以身体压灭火焰，还可以跳进附近的水池、小河中，将身上的火熄灭，总之要尽量减少身体烧伤面积，减轻烧伤程度。

10. 火灾发生时，常会产生对人体有毒有害的气体，所以要预防烟毒，应尽量选择上风处停留或以湿的毛巾或口罩保护口、鼻及眼睛，避免有毒有害烟气侵害。

冬季火场逃生八诀

冬季气候干燥，为火灾多发期。一旦火灾发生，应保持冷静，迅速逃生。为此，省公安消防部门专门介绍了"火场逃生八诀"。

第一诀：住户务必留心各疏散通道、安全出口以及楼梯方位等，以便尽快逃生。

第二诀：突遇火灾时，要保持镇静，不要跟从人流、乱冲乱撞。若通道已被烟火封阻，应背向烟火方向离开。

第三诀：不要顾及贵重物品，把时间浪费在穿衣服或寻找、搬运贵重物品上。

第四诀：火场充满烟雾，可用湿毛巾、口罩蒙住口鼻，匍匐撤离。

第五诀：关紧迎火门窗，用湿毛巾、湿布等塞住门缝，不停用水淋透房间，固守房间，等待救援。

第六诀：尽量呆在阳台、窗口等易于被人发现的地方。晃动鲜艳的衣物或敲击东西，发出求救信号。

第七诀：如果身上着火，应赶紧脱掉衣服或就地打滚，压灭火苗。

第八诀：高层建筑发生火灾，可迅速利用身边的绳索或床单、窗帘、衣服等自制简易救生绳逃生。

青少年学会防火自救

1. 要经常教育孩子不要玩火，尤其孩子单独在家时更是如此。让孩子知道水火无情。

2. 家长要对火种严格保管好，不能随搁乱放，否则便是在客观上为孩子玩火提供了方便。

3. 不要让年龄很小的孩子任意摆弄电器，特别是电源插座（头）等险要部位。

4. 要教会孩子几个行之有效且简单安全的逃生方法。同时，要让孩子知道如何报警，怎样呼救，使之做到处险不惊，临危不惧，为大人施救赢得时间。

这些虽然很简单，或许有人不屑一顾，但这些小的努力也许会在某些危险状况下使你的孩子绝处逢生并受益终。

火灾自救十三诀

第一诀：逃生预演，临危不乱。每个人对自己工作、学习或居住所在的建筑物的结构及逃生路径要做到了然于胸，必要时可集中组织应急逃生预演，使大家熟悉建筑物内的消防设施及自救逃生的方法。这样，火灾发生时，就不会觉得走投无路了。请记住：事前预演，将会事半功倍。

第二诀：熟悉环境，暗记出口。当你处在陌生的环境时，如入住酒店、商场购物、进入娱乐场所时，为了自身安全，务必留心疏散通道、安全出口及楼梯方位等，以便关键时候能尽快逃离现场。请记住：在安全无事时，一定要居安思危，给自己预留一条通路。

第三诀：通道出口，畅通无阻。楼梯、通道、安全出口等是火灾发生时最重要的逃生之路，应保证畅通无阻，切不可堆放杂物或设闸上锁，以便紧急时能安全迅速地通过。请记住：自断后路，必死无疑。

第四诀：扑灭小火，惠及他人。当发生火灾时，如果发现火势并不大，且尚未对人造成很大威胁时，当周围有足够的消防器材，如灭火器、消防栓等，应奋力将小火控制、扑灭；千万不要惊慌失措地乱叫乱窜，置小火于不顾而酿成大灾。请记住：争分夺秒扑灭"初期火灾"。

第五诀：保持镇静，明辨方向，迅速撤离。突遇火灾，面对浓烟和烈火，首先要强令自己保持镇静，迅速判断危险地点和安全地点，决定逃生的办法，尽快撤离险地。千万不要盲目地跟从人流和相互拥挤、乱冲乱窜。撤离时要注意，朝明亮处或外面空旷地方跑，要尽量往楼层下面跑，若通道已被烟火封阻，则应背向烟火方向离开，通过阳台、气窗、天台等往室外逃生。请记住：人只有沉着镇静，才能想出好办法。

第六诀：不入险地，不贪财物。在火场中，人的生命是最重要的。身处险境，应尽快撤离，不要因害羞或顾及贵重物品，而把宝贵的逃生时间浪费在穿衣或寻找、搬离贵重物品上。已经逃离险境的人员，切莫重返险地，自投罗网。请记住：留得青山在，不怕没柴烧。

第七诀：简易防护，蒙鼻匍匐。逃生时经过充满烟雾的路线，要防止烟雾中毒、预防窒息。为了防止火场浓烟呛入，可采用毛巾、口罩蒙鼻，匍匐撤离的办法。烟气较空气轻而飘于上部，贴近地面撤离是避免烟气吸入、滤去毒气的最佳方法。穿过烟火封锁区，应配戴防毒面具、头盔、阻燃隔热服等护具，如果没有这些护具，那么可向头部、身上浇冷水或用湿毛巾、湿棉被、湿毯子等将头、身裹好，再冲出去。请记住：多件防护工具在手，总比赤手空拳好。

第八诀：善用通道，莫入电梯。按规范标准设计建造的建筑物，都会有两条以上逃生楼梯、通道或安全出口。发生火灾时，要根据情况选择进入相对较为安全的楼梯通道。除可以利用楼梯外，还可以利用建筑物的阳台、窗台等攀到周围的安全地点，沿着落水管、避雷线等建筑结构中凸出物滑下楼也可脱险。在高层建筑中，电梯的供电系统在火灾时随时会断电或因热的作用电梯变形而使人被困在电梯内，同时由于电梯井犹如贯通的烟囱般直通各楼层，有毒的烟雾直接威胁被困人员的生命，因此，千万不要乘普通的电梯逃生。请记住：逃生的时候，乘电梯极危险。

第九诀：缓降逃生，滑绳自救。高层、多层公共建筑内一般都设有高空缓降器或救生绳，人员可以通过这些设施安全地离开危险的楼层。如果没有这些专门设施，而安全通道又已被堵，救援人员不能及时赶到的情况下，你可以迅速利用身边的绳索或床单、窗帘、衣服等自制简易救生绳，并用水打湿从窗台或阳台沿绳缓滑到下面楼层或地面，安全逃生。请记住：胆大心细救命绳就在身边。

第十诀：避难场所，固守待援。假如用手摸房门已感到烫手，此时一旦开门，火焰与浓烟势必迎面扑来。逃生通道被切断且短时间内无人救援。这时候，可采取创造避难场所、固守待援的办法。首先应关紧迎火的门窗，打开背火的门窗，用湿毛巾、湿布塞堵门缝或用水浸湿棉被蒙上窗户，然后不停地用水淋透房间，防止烟火渗入，固守在房内，直到救援人员到达。请记住：坚盾何惧利矛？

第十一诀：缓晃轻抛，寻求援助。被烟火围困暂时无法逃离的人员，应尽量呆在阳台、窗口等易于被人发现和能避免烟火近身的地方。在白天，可以向窗外晃动鲜艳衣物，或外抛轻型晃眼的东西；在晚上即可以用手电筒不停地在窗口闪动或者敲击东西，及时发出有效的求救信号，引起救援者的注意。因为消防人员进入室内都是沿墙壁摸索行进。所以在被烟气窒息失去自救能力时，应努力滚到墙边或门边，便于消防人员寻找、营救；此外，滚到墙边也可防止房屋结构塌落砸伤自己。请记住：充分暴露自己，才能争取有效拯救自己。

第十二诀：火已及身，切勿惊跑。火场上的人如果发现身上着了火，千万不可惊跑或用手拍打，因为奔跑或拍打时会形成风势，加速氧气的补充，促旺火势。当身上衣服着火时，应赶紧设法脱掉衣服或就地打滚，压灭火苗；能及时跳进水中或让人向身上浇水、喷灭火剂就更有效了。请记住：就地打滚虽狼狈，烈火焚身可免除。

第十三诀：跳楼有术，虽损求生。身处火灾烟气中的人，精神上往往陷于极端恐怖和接近崩溃，惊慌的心理极易导致不顾一切的伤害性行为如跳楼逃生。应该注意的是：只有消防队员准备好救生气垫并指挥跳楼时或楼层不高（一般4层以下），非跳楼即烧死的情况下，才采取跳楼的方法。即使已没有任何退路，若生命还未受到严重威胁，也要冷静地等待消防人员的救援。跳楼也要讲技巧，跳楼时应尽量往救生气垫中部跳或选择有水池、软雨篷、草地等方向跳；如有可能，要尽量抱些棉被、沙发垫等松软物品或打开大雨伞跳下，以减缓冲击力。如果徒手跳楼一定要扒窗台或阳台使身体自然下垂跳下，以尽量降低垂直距离，落地前要双手抱紧头部身体弯曲缩成一团，以减少伤害。跳楼虽可逃生，但会对身体造成一定的伤害，所以要慎之又慎。请记住：跳楼不等于自杀，关键是要有办法。

煤气中毒的预防与急救

人吸入低浓度的一氧化碳时，可能会出现头晕、头痛、眼花、全身无力、呼吸急促，吸入高浓度一氧化碳时，人会出现耳鸣、心跳、恶心、呕吐、面色潮红、脉快、多汗、烦躁，并且神经受到麻痹而不能动弹。再严重者会昏迷、惊厥、大小便失禁、呼吸困难等。当血液中的一氧化碳血红蛋白浓度达到70%～80%，人就会迅速死亡。

一、在使用液化气、煤气的过程中，正确操作是防止中毒的关键

用煤炉取暖时要注意室内通风，门窗上要安装风斗，煤炉要有烟筒，并且随时检查烟筒保证其通畅和不漏气。如果煤炉没有安装烟筒，一定要在火着旺时再移进屋内，火不旺时要搬到室外。因为煤在未着旺或快要熄灭时都会产生大量的一氧化碳，容易造成人煤气中毒。

二、煤气中毒的重点在于预防

在日常生活中，应充分注意换气的工作，煤气罐的减压器接口要装好，并用涂肥皂水的方法检查是否漏气。煤气管道的各个结合部位

也要用此方法时常进行检查。有条件的家庭,最好在厨房安装煤气泄露报警器。

发现煤气中毒时,应立即打开门窗,并将病人立即移至温暖、通风好的房间或户外,使病人能够迅速呼吸到新鲜空气。但是,要注意保暖,盖好被子或披上棉大衣。随后将其领口、领带、皮带解开,使之能够舒畅地进行呼吸。能饮水者可给其喝热的糖茶水。必要时,可针刺人中穴。呼吸困难或者刚停止呼吸时应立即做人工呼吸,如果心脏已停止跳动,应同时采用胸外心脏挤压法,并立即送往医院急救。

燃烧烟雾的伤害

烟雾是一个杀手,所有烟雾都是危险的。火灾中一半的伤亡都是由于吸入烟雾造成的,并且常常发生在夜间。而那些在火灾中成功逃脱的人则遭受了对肺脏的永久伤害。切记,并不是只有火焰才会使人致死。

烟雾是各种致命煤气、水蒸气、部分燃烧材料的颗粒组成的混合物。它是由燃烧物质转化为气体而来的。所有大火都会释放烟雾,但烟雾的数量和本质取决于着火地点和着火物质。

如果火灾发生于一个封闭的小空间内,如碗柜或一间小房间,此时着火所需的氧气就会受到限制,结果导致形成一股非常厚的浓烟。然而,如果火灾发生在通风良好的区域,如在一个开窗的房间内,此时就会燃烧更多的气体、水蒸气和颗粒,形成的烟雾就比较轻。

烟雾对肺脏造成的损害是火灾受害人的主要死因。例如,单纯烧伤达80度的人会生存下来,但那些综合烧伤20度,却吸入大量烟雾的人无一例外将会死亡。烟雾会损坏肺脏,使其无法恢复。后遗症虽然不能马上显现,但却是可怕的。对肺脏的损害要经过几天之后,才能有所察觉。更为不幸的是,即使可以马上诊断出肺部损坏,但由于已经造成损坏,医生也是无能为力。

附 录

学生防火基本常识

学校及公共场所的防火

1. 禁止学生携带烟花、爆竹、砸炮、火柴等易燃易爆物品进校。
2. 实验用的易燃易爆物品,要有专门库房存放,随用随领,不要在现场存放。
3. 注意经常检查电器设备的安装使用情况,用完后要切断电源。
4. 正确使用各种电器,切勿野蛮操作导致恶果。
5. 不带火种不携带易燃易爆物品(如汽油、酒精等)去公共场所,或乘坐公共交通工具。
6. 楼道里不可以堆放物品。有楼房必有楼梯,楼梯平时供人们上下楼使用,一旦发生火灾和其它突发事件,又是用于疏散的主要通道。如有杂物应及时清除,因此,楼梯道一定要保持畅通,以利安全。商场内儿童乐园防火不少商场为招徕顾客,纷纷建起诸如"儿童娱乐城"、"游乐大世界"等娱乐性儿童活动设施。儿童是祖国的花朵,明天的希望,但其自我保护意识差,防火防灾能力低,因此,这类场所的防火要求应十分严格,以让儿童玩得开心,让家长来得放心。

1. 从儿童娱乐场的设置来说,应设置在商场的一至三层,严禁设在地下商场内或四层以上楼层。
2. 儿童娱乐设施所在场所的安全出口不应少于两处,最好能有一处独立的出入口,当商场为高层建筑时,必须设置独立的出入口。
3. 发生火灾时,可燃材料产生的大量有毒烟气是导致人员窒息死亡的主要原因。因此，娱乐设施所用各种材料必须为不燃、难燃材料或经过阻燃处理后的可燃材料。

4. 配齐配足消防器材，包括灭火器、火灾事故应急照明灯和疏散指示标志等。

5. 电器线路铺设必须符合规范要求，穿管到位，使用大功率电器时，应与可燃物保持足够距离。

6. 制定切实可行的应急疏散预案，并定期组织演练，保持疏散通道通畅。

7. 营业人员应做到"三懂三会"，即：懂得本岗位的火灾危险性、懂得预防火灾的措施、懂得扑救火灾的方法；会报警、会使用消防器材、会组织人员疏散。

山林与旅游景点的防火

1. 燃放烟花爆竹要按照国家规定在指定的时间和场所。

2. 教师和家长带孩子外出野游、打猎、放牧、采药时不要带火种进山，更不准在山林地区吸烟。

3. 不要随便乱烧垃圾。

4. 学校组织学生到山林地区旅游时，严禁组织野炊、篝火等活动。

旅游住店勿忘消防安全

随着人们生活水平的提高，国庆期间外出旅游已成为现代都市人的一大时尚。旅行期间住宾馆酒店是免不了的事，要想平平安安地度过出行的那几天，住宾馆酒店时重视消防安全是不容忽视的。因为旅途劳顿，晚上休息时睡得比较沉，万一发生火灾大都措手不及。其实，大多数上等级的宾馆酒店都有一些与消防安全有关的设计，这些设计都是为应急时所设置的。熟悉它们的位置、用途和功能，在紧急情况下将能助你一臂之力。

熟悉宾馆住宿指南，留心周围消防设施。当你进住宾馆酒店后，第一件要做的事是浏览一下住宿指南或客房电话簿。通常住宿指南上都印有常用的电话号码和宾馆酒店内部的应急电话号码，熟悉这些号码绝非多余之事，万一发生火灾或其他紧急情况，只要通过电话就能实现与消防控制室或总台的通话，不至于束手无策；

第二件要做的事是必须留心一下客房内外灭火装置的设置情况，诸如灭火器的摆放位置，消火栓和自动喷淋装置等，室内消火栓是宾馆酒店建设中不可缺少的重要灭火设施，熟悉它的位置、掌握它的使用方法，可在扑灭初起火灾时发挥重要作用。据统计，在楼房初起火灾扑救中，消火栓的使用率达85％以上。一般在每个防火分区或每层楼的楼梯出口处有一个比较醒目的红色盒样装置，它便是火灾报警装置，分手动和自动控制方式两种。发生火灾后，手动或自动启动该装置，便可以迅速告知消防控制室某方位起火或可以直接启动消防泵，实现区域喷淋灭火。

看懂安全通道示意图，掌握应急疏散指示牌。只要你稍留心一下便会发现，在居住的房间门背后，都贴有一张印有本楼层平面图的图纸，即所谓的逃生路线图。在这张图纸上，对本房间的位置和房号都清晰地作出标志，同时有一个箭头（通常是红色）自房间的位置沿走廊指向最近的疏散部位。

逃生路线图是客房设计中必备的，它虽不起眼，但在发生火灾等意外事件的时候，熟悉它的人会比较容易找到逃生线路。因为危急关头，人们往往冷静不下来，如根本没有看过图，就很难找到逃生线路。因此，入住宾馆酒店后千万不要忘了看懂安全通道示意图。

应急疏散指示牌是镶嵌在墙壁上的画着人奔跑样式的绿色长方形指示牌。在夜间或照明电源被切断的情况下，这些接有应急照明的绿牌子会显得异常明亮，能够在关键时刻引导人们以最便捷的路线找到出口。

通常，在公共场所的门上方，都有一块这样的显示牌，它表明应从这里出去；而在走廊里，这样的显示牌又设置在墙的下方。这是因为发生火灾时，为了防止有毒气体和烟雾的侵袭，要求人们应该俯身或匍匐前进逃离现场，指示牌位于距地面一米以下的地方便于人们随时都能看到。

备些应急逃生工具，学会应急逃生方法。旅行时不妨带一把小剪刀和一把微型手电筒，一旦遇上火灾，可用剪刀将床单或窗帘剪成能承受一定重量的布条来代替绳索逃离火灾区；微型手电筒可在没有照明的情况下发挥照明和报警等特殊作用。

至于应急逃生的方法有很多种，这里介绍几种常用的逃生方法：

1. 利用门窗逃生。大多数人在火场受困时都采用这个办法。利用门窗逃生的前提条件是火势不大，受困者较熟悉燃烧区内的通道。具体逃生方法是把被子、毛毯或褥子用水淋湿裹住身体上身冲出受困区，或者将绳索或代替绳索的布条一端系于窗户的横框或室内其他固定构件上，另一端系于逃生者两腋和腹部，将其沿窗放至地面或下层窗口。

2. 利用时间差逃生。在火势封闭了通道时，可利用时间差逃生，具体方法是：紧急疏散至离火势最远的房间内，在室内准备被子、毛毯等，将其淋湿，采取利用门窗逃生的方法，逃出起火楼层。

3. 利用管道逃生。房间外墙壁上有落水或供水管道时，有能力的人可以利用管道逃生，这种方法一般不适用于妇女、老人和小孩。

4. 利用空间逃生。在室内空间较大而火灾占地不大时可利用这个方法，其具体做法是：将室内的可燃物清除干净，同时清除与此室相连的部分可燃物，清除明火对门窗的威胁，然后紧闭与燃烧区相通的门窗，有条件时可用水浸湿门窗，降低温度，同时防止烟雾和有毒气体进入，等待火势熄灭或消防人员的救援。

不管采用何种逃生方法，值得注意的是在火场中或有烟雾的室内行走应尽量低身降低高度前进，防止有害气体引起窒息；在逃生途中应尽量减少所携带物品的体积和重量；要正确估计火势的发展和蔓延趋势，不可盲目采取行动；切忌侥幸心理，先要考虑安全及可行性后方可采取措施；逃生、报警、呼救要同时进行，不能只顾逃生而不顾报警与呼救。

实验室药品储存安全防火

1. 不燃的药品或不含易燃、易爆、氧化剂等的药品与乙醇、丙酮、甲醇、乙醚、高锰酸钾等危险药品不得混放，应分间储存，条件限制时也要分隔存放。

2. 苦味酸、迭氮销、大量的硝酸甘油片剂、亚硝异成酸等药品，应分别单独存放。如能另设危险物品库与药库分开更好。

3. 高锰酸钾、重铬酸钾、双氧水等氧化剂不得与其他药品混存，前两种与双氧水也要分开储存。

4. 乙醚应避光储存，以免受阳光照射后产生过氧化物，储存温度不得超过30℃，夏天应将乙醚储存在冰库中。如果把乙醚存放在电冰箱内，容器必须严密封盖，因电冰箱不防爆，容器盖不严，乙醚蒸气逸出会引起燃烧爆炸。

校外用火安全防范

点火的三要素是热量、燃料和氧气。当它们按照一定的量混合时，就可以点着火。

如果你排除其中任何一个因素，即使拥有其它两个因素，你都无法点着火。例如，如果你从火中抛开燃料这一因素，火将会自己熄灭；如果你把冷水倒在火中抛开了热量这一因素，火也会熄灭；如果你用火盖或泡沫隔离了火中的氧气，也无法点火燃烧。

一、用火时有可能导致火灾的原因

1. 吸烟时的疏忽大意导致发生了室内火灾。所以我们应该使用金属垃圾箱，而不是塑料或干草垃圾箱。晚上的最后一件事情应该是把烟灰倒入洗手间。

2. 电器出现故障,或者是电路过载。

3. 脂肪油引起的大火,或其它在厨房引起的大火。

4. 无人看守引起的大火。

5. 我们日常使用的一些特别致命的化学药品。例如你是否意识到,如果你使用气溶剂,许多涉及到的溶剂就会变得极易燃烧?比如你使用的头发定型剂,如果你正在吸烟,你可能会发现自己正握着一个熊熊燃烧的火把,它会很快将你的头发烧成灰烬。

6. 如果你闻到有煤气味道,马上熄灭香烟,不要使用火柴或明火。例如不要操作电力开关,不管是要关掉它,还是要开启它(它有可能会引发爆炸),都要马上打开门和窗户通风换气。同时,你还要检查煤气阀是否意外被打开了,或者是标灯已经熄灭了(如果没有熄灭,有可能是煤气泄露,关掉煤气供应阀,寻求煤气救助小队的帮助)。

二、安全用火一定要切记

1. 不要让小孩玩火柴或打火机。

2. 注意平底煎锅,不要太满了。

3. 检查散热器,以确保散热器上面或附近没有烘干的物品,或者检查散热器是否特别靠近家具或任何易燃物。

4. 不要让炉子上的茶壶烤干了。

5. 有些胶水和多用途黏合剂是高度易燃的,要遵守包装上的使用说明,保持室内通风良好。

6. 灯泡不要靠近窗帘和被褥。

三、夜间安全用火一定要切记

1. 确保关闭所有电器,拔掉电视的插销。

2. 晚上的最后一件事情,将烟灰倒入洗手间,因为物质从来都不会"S"曲线着火。

3. 不要在床上吸烟。

4. 关上通往楼下的门。

灯火照明的注意事项

一、火灾危险性

1. 使用电器照明，灯具表面温度过高，玻璃壳受热不匀及水珠溅到高热的灯泡上发生爆裂，掉下的玻璃碎片或灯丝会使可燃物起火。灯头接触不良，灯头与玻璃壳松动，电气线路破损、接头松动等也可引发火灾。

2. 使用明火照明，明火与可燃物过近，油灯、蜡烛等被碰翻，明火给油灯加油，点着的蜡烛放在可燃物上，用火把、松枝指路或寻找失物等，引燃附近的可燃物，会引发火灾。此外油灯外的油垢被引燃后会蔓延至整个灯体可引起燃烧或爆炸。

二、防火措施

1. 采用电气照明的灯具应与可燃物保持一定的安全距离，灯具不得用纸、布等包裹。灯具与地面应高于2米，下方也不可堆放可燃物。灯具所选用的导线应合适，不得随意更换大功率灯具，不得乱拉乱接电线电器。在易受碰撞场所，应安装金属或其他网罩防护。灯具所使用的镇流器，不准直接安装在可燃构件上，应用不燃材料隔垫。

2. 采用明火照明时不要靠近可燃物，最好放在由不燃材料制作的专门"灯龛"内，蜡烛基座应采用不燃材料。使用油灯要加玻璃护罩，并经常清除灯体及罩上的油垢，给油灯加油时必须先将灯火熄灭。对"长明灯"更要严加管理。

使用煤气的注意事项

1. 认真阅读煤气器具的使用说明，严格按照说明书的要求操作使用。

2. 无论是使用管道煤气、天然气，还是使用罐装液化石油气都必须遵守"先点火，后供气"的操作程序。如果不这样，可燃气体就会与空气混合成为爆炸性混合物，当你点火时，就极可能发生爆炸引起火灾。用完后要随手关闭阀门。

3．经常保持煤气器具的完好，发现漏气及时检修。使用过程中遇到漏气的情况，应该立即关闭总阀门，切断气源。

4．用煤气烧水做饭，不要只顾贪玩，长时间离开，要专心看守。随时调节气量，以防火被风吹灭或被锅中溢出的水浇灭，造成煤气大量泄漏而发生火灾。

5．使用煤气器具，要充分保证室内的通风，保持足够的氧气，防止煤气中毒。

6．小学生不要使用煤气器具。大孩子初学点煤气灶，要按大人的指点去做，点好后要记住把火柴放到远离火源的地方，不要随手放在炉台上，以防着火。

使用炉灶的注意事项

1．使用厨房应注意将锅手柄朝内摆放，也避免将锅内食物碰翻或意外洒溢出来。可能的情况下可以使用吊环将锅吊起。

2．长柄而有盖子的深锅和长柄平锅的手柄都比较容易松动。检查一下，把螺丝拧紧。

3．如果你使用的是煤气灶，确保标识灯已打开。

4．煤气引擎罩和换风扇都很容易被油腻沉淀阻塞，造成火灾隐患。这些油腻沉淀应该定期进行清理。

5．中小学生绝对不可以去摸炉子——不管你是否正在煮东西。

6．煎炸食物时，尽量使用较靠墙边的瓦斯炉减少油溅出来。

7．检查烤箱绝缘层的性能，将烤箱开动，如果烤箱的门，摸起来很热，切忌触摸。

8．烤箱与火炉使用完毕之后，一定把开关关掉。

9．电炉使用完毕之后，记得加上盖子。

10．装上干燥式化学灭火器，将它放置于青少年无法碰到的安全位置，以消灭一般性的火灾。

11. 不要用湿布或薄布抹烤炉膛。炉灶上方墙壁只适宜悬挂不太笨重的炊具。

12. 炊炉火头不要开得太大，火舌在锅的边缘缭绕，徒然浪费燃料，而且锅的把手会被烧得很烫，塑料把手甚至会被烧裂或熔掉。

使用火锅的注意事项

冬季，人们最爱吃的就是涮锅子了，为了安全起见大多数人选择用电火锅来涮锅子，那么如何正确的使用呢？

1. 电火锅的功率一般较大，使用的插座和电源线要与所耗的功率相配，以免出现事故。

2. 电源线的两头应按规定接妥，有恒温装置的则把开关放在中间或所需的位置。

3. 非恒温式的应注意锅的温升，更不能烧干锅。如需要清除锅中的水，应先断掉电源并稍冷却后再放出锅内的水。因为虽然断了电，但底部烧盘的温度仍很高，有烧坏锅底的可能。

4. 不要用湿手摸电火锅，更不要一手摸电火锅，另一手去摸水龙头。万一漏电，就有触电身亡的危险。

5. 电火锅采用单项三芯纺织软线为电源引线，连接时要先将电源引线带插孔的一端插头插在锅体的电热插座上，再把恒温装置的开关放在中间或恰当的位置。通常开始时放在高温档，水开后，可放在保温挡。注意要有良好的接地。

6. 分体式电火锅，要注意保持锅底的形状，防止变形影响热效率和使用寿命。

7. 电火锅的电热元件具有热惯性，食物吃完应立即注入冷水降温，否则会使锅体空烧。

8. 要经常保持电火锅的清洁卫生，每次使用完毕后，应在切断电源后对电火锅进行清洗，清洗时应注意不要让水渗入锅体，最好用干布擦干净电热插座等处有油垢、杂物的地方。锅体表面也要经济擦拭，保持洁净以免氧化。

9. 电火锅的锅体生有铜锈后，继续使用有可能导致食物中毒，可采用用布蘸食醋，再加点盐的方式去擦拭生有铜锈的锅体，这样可清除铜锈。

使用电热毯注意事项

年老体弱者在寒流到来时都喜欢使用电热毯，但电热毯连续通电时间过长如无恒温保险装置，容易引发火灾事故。另外，电热毯长期受揉搓而断裂，也会引起火灾。预防电热毯引发火灾，首先要注意绝缘、防止短路。电热毯如有破损，切不可随意拆修，要请专业人员修理。

为了防止一时疏忽忘记切断电源，可以使用三通插头，一头插电灯，一头接电热毯，这样，入夜开灯时电热毯便通电升温，睡觉关灯后电热毯也随之断电。小孩睡觉最好不用电热毯，以防小孩尿床引起触电。电热毯应尽量避免折叠、受潮。长期不用的电热毯再用时要仔细检查有无漏电现象。一旦电热毯起火，首先要断电源，再设法将火扑灭。

严禁购买使用质量低劣、没有合格证、安全措施无保证或自制的电热毯；电热毯通电后，人不得远离，并注意观察有无异常情况；电热毯通电后，因临时停电，应断开电路，以防来电时，无人看管造成火灾；电热毯最好铺在木板床上，并且在电热毯上下各铺一层毛毯或薄棉褥，以防止电热丝来回折曲和剧烈揉搓，造成短路和断裂；生活不能自理的病人使用时，要经常查看电热毯的温度和潮湿程度，一旦短路、漏电能及时发现，防止事故发生；最好选用有指示灯和保护装置的电热毯，这样，便于观察是否处于通电状态，若发生短路等事故也能迅速自动切断电源。

使用热水器注意事项

冬季沐浴后，浴室内水蒸气较多，要定期检查浴室内开关、插座的安全防护，避免在潮湿环境中发生漏电。

使用电热沐浴器时要格外小心，最好安装漏电保护器，防止水流带电。

洗手后，要擦干双手再接触各类开关。使用电吹风、电发夹等小电器时，注意不要让电线缠绕住身体。

使用锂电池注意事项

有许多人或许是从手机才开始熟悉锂电池的。其实，它在许多家电中都有使用。毋庸置疑，锂电池高效、体轻等等优点正使其迅速地推广应用开来。可是，你是否知道，使用不慎，它也会使你惹"火"上身？

锂电池具有体轻、高效、耐低温（-40℃）等优点，0.3mm厚、邮票大小的锂电池可连续使用5年以上，近年来正逐步淘汰现用的碱性干电池和锰电池，广泛应用于许多高档家电和手机中。

锂电池不同于现用的锰电池和碱性干电池的氯化锌和氢氧化钾水溶电解液，它使用的是有机溶媒。

锂电池正极采用二氧化锰、氟化铅、氯化亚硫等材料。负极采用的锂金属箔同一般电池负极使用的氯化锌相比，离子化倾向强、正负极电压差大，这样提高了锂电池的工作效能。

但是，锂电池在使用过程中常常会出现发热、燃烧现象，轻者影响主机使用，重者还会烧毁主机引起火灾。据报道，日本近年来已发生多起因锂电池发热燃烧引起的家庭火灾事故。

那么锂电池为什么会发热、燃烧呢？原来锂电池中的许多材料与水接触后，可发生剧烈的化学反应并释放出大量热能导致发热、燃烧现象。

锂电池正极的二氧化锰，只沾一小滴水便可出现发热现象。锂电池中的氯化亚硫与水接触后，在生成盐酸和二氧化硫的同时释放热能，几种因素使锂电池成为生活中的"火种"，因此人们在使用锂电池时一定要注意防水、防潮湿。

各种主机停用后，应取下锂电池置于干燥、低温处妥善保管，以预防和避免因锂电池使用不当而引起家庭火灾事故的发生。

打雷时手机通话引发火灾

随着电子时代来临，电子雷灾范围越来越广，损失比传统雷灾高50倍甚至100倍。雷电灾害分为直击雷、感应雷、雷电波侵入和雷击电磁脉冲三种方式。

直击雷是指雷电直接击在建筑物上，造成破坏的雷电；感应雷则是当雷电放电时，在附近导体上产生的静电感应和电磁感应，从而破坏引发火灾等多种灾害；雷电波侵入是雷电沿着架空线路或金属管道侵入屋内，危及人身安全或损坏设备；雷击电磁脉冲是电子时代造成损失最大的雷电灾害，是通过连接导体的干扰，引发一系列的灾害。

电子雷灾把传统的二维空间入侵延伸到普通的三维空间入侵。专家指出，手机、无线上网、使用太阳能热水器洗澡等方式，都有可能引起感应雷的袭击。

手机电磁波是雷电很好的导体，能够在很大范围内收集引导雷电。

因此，在雷雨天气里，千万别在室外打手机、无线上网、使用避雷效果不佳的太阳能热水器洗澡等。

雨天预防电器火灾

进入雨季，阴雨绵绵，河水猛涨，给国家的财产和人民群众的生命安全带来了巨大的威胁。人们在注意防水的同时，还应该注意防

火,尤其是预防电气火灾的发生。主要应做好以下几点:

1. 经常检查家中电气和线路的使用情况,及时进行维护和检修。

2. 对于老式建筑的线路、发现被水淹没或淋湿,特别是线路年久失修发生老化的应立即请电工予以抢修。

3. 对于容易被洪水浸泡的线路,应请电工迁移线路,采取高架、防潮措施。

4. 人员离开,应及时关闭电源。

5. 雨天如停电应立即切断电源,请电工检查原因,并派专人加以看护。

超龄家电引发火灾

家用电器的使用年限一般为10年左右,超过规定使用年限后,就容易发生各种故障甚至安全方面的事故,应及时更新。在更新前,使用时更要谨慎小心,做好以下预防工作:

1. 注意防潮。放置家电的房间,环境相对湿度一般以40%~60%为好。湿度过高容易使家电的电路和金属件锈蚀而失效,造成家电失常和漏电打火,尤其应将电冰箱放置于通风干燥处。

2. 避开热源。电视机、电脑等家电设备,日常使用的最佳室温应为15~25℃。实践证明,机内温度每升高5℃,电视机的可靠性将降低20%,最易出现故障的电解电容失效率会上升50%。因此,不可将电视机等放在距热源过近的地方,应注意通风散热。

3. 预防油烟。电视机使用日久,灰尘和油烟会逐渐在机内聚集,不仅对元器件有腐蚀作用,还会使电路形成漏电打火。每季应至少除尘两次,平时不用时应及时套上防尘布罩,防止灰尘和油烟进入。

4. 经常观察。超龄家电要经常观察,出现异常征兆要及时检修。电视机运行中如遇图像变暗、忽大忽小、上下左右有亮线、显示白点和条状噪波带,无伴音或伴音严重以及机内有异味和冒烟等情况,要立即关机检修。电冰箱、空调器制冷效率下降,压缩机启动间隔时间逐渐变短时，应立即停机进行检修。

5. 缩短连续开机的时间。超龄电视机、电脑等连续使用时间应缩短1/3，例如电视机连续收看3小时后，需关机10至20分钟再开机，以防机内元器件温升太高而烧坏，避免发生爆炸和火灾。

饮水机也要注意防火

饮水机发生火灾，主要原因在：温度控制装置失灵；电热元件损坏、短路，负载电流过大，超出导线的安全电流；饮水机无干烧装置的内胆脱水，形成"干烧"；饮水机内线路老化等。

为防止饮水机发生火灾，必须注意如下几点：

1. 购买饮水机时要有产品合格证，切莫贪便宜购买劣质商品，同时莫忘记开发票，一旦发生事故，可通过消费者协会保护自己的权益。

2. 晚上睡觉前或上班家中无人时，要将饮水机电源插头拔掉或将电源开关关掉，这样既安全又省电。

3. 发现纯净水桶水用完，要及时拔掉电源插头，同时要通知水厂送水。

4. 饮水机最好不要放置在可燃物上，特别不能放在卧室或易燃物附近，最好放在客厅内安全处以防饮水机起火后蔓延扩大。

5. 家用电器导线和保险丝的选择都要符合规定要求，并安装漏电保护器，对电气设备还要注意经常检查，发现损坏，及时进行修理更换，以防意外。

6. 单位或公共场所，特别是像银行、会计室等重要场所，对饮水机的使用更要落实专人管理，以保安全。

预防空调火灾

1. 空调器开机前，应查看有无螺丝松动、风扇移位及其他异物，及时排除防止意外。

2. 空调器应安装保护装置（如热熔断保护器等），万一发生故障，熔断器断开切断电源。

3. 使用空调器时，应严格按照空调器使用要求操作。

4. 空调器的电度表和导线应留有足够的余量，并选择适当的电源保险丝，一旦过载，能及时切断电源。

5. 空调器必须采用接地或接零保护，热态绝缘电阻不低于2MΩ才能使用，对全封闭压缩机的密封接线座应经过耐压和绝缘试验，防止其引起外溢的冷油起火。

6. 空调器周围不得堆放易燃物品，窗帘不能搭在窗式空调器上。

7. 空调器应当在主人的严密监视下运行，人离去时，应接闸断电。就是带用摇控装置的空调器，也不要在长时间无人的情况下使用。

8. 家庭应当备有不型灭火器，如二氧化碳灭火器、1211灭火器等，一旦发生这方面火灾，以便及时扑灭。

预防电器线路火灾

电气线路往往由于短路、过载运行、接触电阻过大等原因，产生电火花、电弧或引起电线、电缆过热，都极易造成火灾。

一、电气线路的火灾危险性

1. 短路

如果裸体导线相碰，或者是导线的绝缘层损坏，里面的导体露出来彼此相碰，那么，这时候的电流就不再按照规定的线路。而是在相碰的地方"走近路"，这就是"短路"，也有叫"捷路""碰线"。

短路一般有相间短路和对地短路两种。相线之间相碰叫相间短路。相线与地线相碰，或相线与接地导体相碰，或相线与大地直接相碰叫做对地短路。

（1）使用绝缘导线、电缆时，没有按具体环境选用，使导线的绝缘受高温、潮湿或腐蚀等作用的影响而失去绝缘能力。

（2）线路年久失修，绝缘层陈旧老化或受损，使线芯裸露。

（3）电源过电压，使导线绝缘被击穿。

（4）用金属线捆扎绝缘导线或把绝缘导线挂在钉子上，日久磨损和生锈腐蚀，使绝缘受到破坏。

（5）裸导线安装太低，搬运金属物件时不慎碰在电线上；金属构件搭落或小动物跨接在电线上。

（6）安装修理人员接错线路，或带电作业时造成人为碰线短路。

（7）不按规程要求私接乱拉，管理不善，维护不当造成短路。

2. 超负荷

电气线路中允许连续通过而不致于使电线过热的电流量，称为电线的安全载流量或安全电流。如电线中流过的电流量超过了安全电流值，就叫电线超负荷，也叫过负荷。

（1）设计或选择导线截面不当，实际负载超过了导线的安全载流量。

（2）在线路中接入了过多或功率过大的电气设备，超过了电气线路的负载能力。

3. 接触电阻过大

在电气线路与母线或电源线的连接处，电源线与电气设备连接的地方，由于连接不牢或者其他原因，使接头接触不良，造成局部电阻过大，称为接触电阻过大。

（1）安装质量差，造成导线与导线，导线与电气设备衔接点连接不牢。

（2）连接点由于热作用或长期震动使接头松动。

（3）在导线连接处有杂质，如锈蚀、产生氧化层（如铜导线出现"铜绿"）或渗入尘土。

（4）铜丝和铝线连接的方法不当。

二、电气线路的防火措施

1. 短路

（1）必须严格执行电气装置安装规程和技术管理规程，坚决禁止非电工人员安装、修理。

（2）要根据导线使用的具体环境选用不同类型的寻线，正确选择配电方式。

（3）安装线路时，电线之间、电线与建筑构件或树木之间要保持一定距离；在距地面2米高以内的一段电线，应用钢管或硬质塑料保护，以防绝缘遭受损坏。

（4）在线路应按规定安装断路器或熔断器，以便在线路发生短路时能及时、可靠地切断电源。

2. 超负荷

（1）根据负载情况，选择合适的电线。

（2）严禁滥用铜丝、铁丝代替熔断器的熔丝。

（3）不准乱拉电线和接入过多或功率过大的电气设备。

（4）检查去掉线路上过多的用电设备，或者根据线路负荷的发展及时更换成容量较大的导线，或根据生产程序和需要，采取排列先后控制使用的方法，把用电时间调开，以使线路不超过负荷。

3. 接触电阻过大

（1）导线与导线、导线与电气设备的连接必须牢固可靠。

（2）铜、铝线相接，宜采用铜铝过渡接头。也可采用在铜铝接头处垫锡箔，或在铜线接头处搪锡。

（3）通过较大电流的接头，不允许用本线做接头，应采用油质或氧焊接头，在连接时加弹力片后拧紧。

（4）要定期检查和检测接头，防止接触电阻增大，对重要的连接接头要加强监视。

三、架空线路、屋内布线的火灾危险性

1. 架空线路

（1）电杆倒折、电线断落或搭在易燃物上，易造成线路的短路，出现电火花、电弧。

（2）电杆档距过大，线间距过小或布线过松，没有拉紧，在大风和外力作用下，容易碰在一起造成短路，此外，布线时把导线拉得过紧，也易发生导线断裂事故，引起火灾或触电事故。

（3）架空线路上遭到雷击，会使线路绝缘损坏，并产生下频短路电弧，从而使线路跳闸，影响电力系统的正常供电。

2. 屋内布线

（1）由于机械损伤，如摩擦、撞击使绝缘层损坏，导致短路等引起火灾。

（2）线路年久失修，绝缘陈旧老化或受损失，使线芯棵露，导致短路引发火灾。

（3）使用金属线捆扎绝缘导线，或把绝缘导线挂在钉了上，由于日久磨损和生锈腐蚀使绝缘受到破坏，导致短路引发火灾。

（4）雷击过电压，线路空载时的电压升高等，也会使导线绝缘薄弱的地方造成绝缘被击穿而发生短路导致火灾。

四、架空线路、屋内布线的防火措施

1. 架空线路

（1）为了防止倒杆断线，对电杆要加强维修，不要在电线杆附近挖土和在电线杆上拴牲畜。

（2）架空电线穿过通航、河流、公路时，应加装警示，以引起通行车、船注意安全。

（3）架空线路不应跨越屋顶为燃烧材料做成的建筑物。

（4）架空线与甲类物品库房、可燃易燃、液体贮罐、燃助燃气体贮罐、易燃材料堆场等的防火间距，不应小于电杆高度的1.5倍；与散发可燃气体的甲类生产厂房的防火间距，不应小干30米。

（5）架空线路的边导线与建筑物之间的距离，导线与树木之间的垂直、净空距离，架空配电线路的导线与导线之间的距离，必须符合有关安全规定。

（6）平时对电气线路附近的树木要及时修剪，以保持足够的安全距离，防止树枝拍打电线而引起事故。

2. 屋内布线

（1）设计安装屋内线路时，要根据使用电气设备的环境特点，正确选择导线类型。

（2）明敷绝缘导线要防止绝缘受损引起危险，在使用过程中要经常检查。维修。

（3）布线时，导线与导线之间、导线的固定点之间，要保持合适的距离。

（4）为防止机械损伤，绝缘导线穿过墙壁或可燃建筑构件时，应穿过砌在墙内的绝缘管，每根管宜只穿一根导线，绝缘管（瓷管）两端的出线口伸出墙面的距离宜不小于10毫米，这样可以防止导线与墙壁接触，以免墙壁潮湿而产生漏电等现象。

（5）沿烟囱、烟道等发热构件表面敷设导线时，应采用以石棉、玻璃丝、瓷珠、瓷管等作为绝缘的耐热线。

（6）有条件的单位在设置屋内电气线路时，宜尽量采用难燃电线和金属套管或阻燃塑料套管。

五、电缆的火灾危险性

1. 电缆的保护铅皮、铝皮受到损伤，或在运行中电缆的绝缘受到机械破坏，能引起电缆芯与电缆芯之间或电缆芯与铅皮、铝皮之间的绝缘被击穿，而产生电弧，可使电缆的绝缘材料和电缆外层的黄麻护层等燃烧。

2. 电缆长时间超负荷，可能造成电缆的绝缘过分干枯，使绝缘性能降低，甚至失去绝缘，发生绝缘击穿，而沿着电缆的走向，在较长一段的线路上，或在一段线路的几个地方同时发生电缆的绝缘燃烧。

3. 在三相电力系统中，采用单相电缆或以三芯电缆当作单芯电缆使用时，会产生涡流，而使铅皮、铝皮发热，严重时可能发生铅皮、铝皮熔化，电缆外层的销装钢带也会发热，铅皮、铝皮和钢带发热严重时，会引起电缆的绝缘发生燃烧。

六、电缆的防火措施

1. 采用电缆布线时，电缆应尽量明敷，明敷电缆宜采用有黄麻外护层的裸电缆。电缆明敷在有可能受到机械损伤的地方时，应采用销装电缆。

2. 敷设在电缆沟、电缆隧道内，及明敷在有火灾、爆炸场所内的电缆，应采用不带黄麻外扩层的电缆，如果是有黄麻外护层的电缆，应剥去黄麻外护层，以减少火灾危险性。

3. 电缆引入及引出建、构筑物的墙壁、楼板处，以电缆沟道引出至电杆或墙壁表面敷设的电缆距地面之米高及埋入地下0.25米深处，应将电缆穿套钢管保护，钢管的内径一般不小于电缆外径的2倍。

4. 在有可能进水的电缆沟中，电缆应放在支架上。

5. 电缆直接埋地敷设时，宜采用有黄麻或聚氯乙烯外护层的电缆，埋地深度应小于0.7米。

6. 有条件的单位应尽量采用难燃电缆或耐火电缆。

电脑火灾常识

假若电脑着火，即使关掉机器，切断总电源，机内的元件依然很热，迸发出热焰及有毒气体，荧光屏及显像管也有随时爆炸的可能。因此，面对着火的电脑应作以下处理：

面对开始冒烟或着火的电脑，应立即关机或切断总电源，然后用湿毛毯或棉被等厚物品将电脑盖住，这样既能防止毒烟蔓延，也能在发生爆炸时挡住荧光屏玻璃碎片，以免伤人。

切记不要向着火的电脑泼水，或使用任何性质的灭火设备灭火，即使已关机的电脑也是这样。因为温度突降，会使炽热的显像管爆裂。此外，电脑内仍有剩余电流，泼水则可引起触电。

切记不要在极短的时间内揭起覆盖物观看，即使想看一下燃烧的情况，也只能从侧面或后面接近电脑，以防显像管爆炸伤人。

校园消防存在问题及对策

学校是普及教育、人才培养的重要基地。百年大计，教育为本，创造良好的学校环境，确保消防安全，是一项利在当代、功在千秋的事业。我国在校学生总数有23167万，幼儿园有2264万，小学有>10712万，中学有8452万，大专学校有1739万，约占全国人口总数的19.3%左右。学校作为人员密集场所，具有许多供教学、科研使用的教室和实验室，范围广、种类多，存在较大的火灾危险性。近年来，学校各项建设都有了长足进步，但与之不相适应的是消防安全工作还比较薄弱，火灾形势不容乐观，学校火灾时有发生甚至是亡人火灾，给国家财产和师生生命安全造成无可挽回的损失。

2003年11月4日，俄罗斯友谊大学大火造成包括9名中国留学生在内的42人死亡。2008年11月14日，上海商学院火灾造成4名女大学生死亡。这些学校火灾事故教训十分惨痛，发人深省，给人们敲响了警钟。针对学校消防安全工作存在的薄弱环节，应采取扎实有效的措施，进一步加强学校消防安全管理，努力改善学校消防安全状况，确保学校消防安全。

思想认识不到位当前，学校在抓管理、抓落实等方面存在薄弱环节，成为导致火灾事故的根本原因。

由于火灾发生的偶然性，部分学校领导主观上容易淡化对火灾隐患危害性的认识，对消防工作不重视，认识不够到位，一味强调教学质量和升学率，忽视了消防安全。部分领导认为消防工作日常管理不重要，只是出了问题才重要，这种麻痹思想极易导致火灾的发生。多数学校负责人，认为抓消防工作事倍功半，难见成效，只是表面重视而实际上不重视，形式上重视而内容上不重视，浮于面上而未真正落实。

消防责任不落实有的学校领导未树立起消防工作责任主体意识，认为消防工作是消防部门的事，抓消防工作由消防部门负责，致使学校未建立消防安全责任制，消防职责得不到明确和落实。一些学校未建立和完善消防责任追究体系，消防工作未落实到具体部门、具体人，发生火灾事故后，责任难以追究。

消防安全管理滞后一些学校领导思想意识淡薄，对消防安全管理缺乏必要的科学方法和监督管理手段，存在一手硬、一手软现象，造成了消防安全管理工作上的混乱局面。目前多数学校消防工作由保卫部门负责，对隐患整改资金没有直接决定权，隐患整改工作难以得到及时有效落实。有的学校由年岁较大的员工或是临时工负责日常管理，上岗前多数未经过消防培训，工作责任心不强，职责履行不到位，经常出现不在岗不在位等现象，对存在的火灾隐患不能及时发现，并采取有效措施及时消除。

宣传教育较薄弱就火灾发生的情况来看，学校火灾大多是学生消防安全知识缺乏间接或直接引起的。发达国家如美国、日本等国已将消防安全知识纳入学生重要学习课程，而我国受到教育体制等方面的因素制约，消防安全教育工作还很薄弱，学生消防安全素质普遍不高，消防安全意识淡薄。学生随着年龄、学历的增长，具有相应的判断和识别能力，但多数学生对消防安全知识了解、掌握得不深，主观上存在过于自信或麻痹大意，容易造成火灾事故的发生。一些学校片面追求高升学率、高学分，对学生消防宣传教育不够重视，将宣传工作停留在表面，对安全知识尤其是消防安全知识教育力度不大，学生消防安全知识普遍不高。

消防安全布局不符合要求由于早期规范尚不完备、法制不健全等问题，部分学校建筑在消防设计等方面存在先天性火灾隐患，未经消防审核验收，导致建筑留下布局不合理，消防基础设施条件较差。许多学校在新建教学楼及学生公寓修建时也存在未按照消防技术规范标准规定、投入使用前也未经消防部门审核、验收等问题，导致消防布局不合理、防火间距不足等整改难度大的隐患。

疏散通道不够畅通安全出口、疏散通道不畅通是学校普遍存在的火灾隐患。部分学校在招生时未考虑教学楼、学生宿舍的最大容纳人数，造成教室、学生宿舍等场所人员密度过大，在火灾情况下人员疏散困难。有的学校教学楼、宿舍楼等窗户安装防盗网，将学生的逃生通道封死。有的擅自将教学楼、宿舍楼第二安全疏散通道锁闭、堵塞，晚上将宿舍大门封锁，造成消火栓、灭火器等消防设施被一分为二，同时也使楼梯、疏散通道被一分为二，增加了火灾危险性。一旦发生火灾，学生无法逃身自救，极易造成群死群伤事故。

消防设施器材配置不足部分学校只重视教学，轻视、忽略对消防设施器材的日常管理。有的学校教学楼、实验楼、学生宿舍楼等重要场所未配置室内消火栓、移动式灭火器、应急照灯具、安全疏散指示标志等基本的消防安全设施。有的学校虽然配置了消防器材，也存在数量不足、型号不符合要求等问题。有的学校配备的消防设施器材维护保养不到位，长期处于无人管理、无人维护的状态，造成消防设施年久失修，损坏严重，不能正常发挥作用。

违章用电现象突出学校火灾首选致灾的因素就是电气火灾。特别是高等学校，大部分在校大学生都配备了电脑、电视、电风扇、洗衣机等大功率电器，超负荷用电现象十分严重。

部分学生违反安全用电的有关规定，增加电器设备，乱用电器，乱拉乱扯电线，用铜丝或铁丝代替保险丝，解决因用电超负荷造成的跳闸问题，容易使电路过载发生故障时不能及时熔断而造成电线起火。有的存在长时间不检修电器容电路，电线绝缘老化、漏电短路等火灾隐患。

针对学校消防安全工作存在的薄弱环节和主要问题，应进一步加强学校消防安全管理，及时发现和消除存在的火灾隐患，确保消防安全。

是明确职责，落实责任各级教育行政部门和各学校根据《消防法》和《机关、团体、企业、事业单位消防安全管理规定》等有关法律规定，强化消防安全责任主体意识，严格落实消防安全责任制，加强学校日常消防安全管理。明确法定代表人是学校的消防安全责任人，依照"谁主管，谁负责"的原则对本单位的防火安全负总责，对消防安全工作负总责，控制和减少重大火灾隐患。进一步完善消防责任管理机制，明确学校、系、办公室、年级、班级等消防责任，将责任落实到人、到位、到岗。层层签定责任状，逐级落实，层层落实，做到消防安全工作有人抓、有人管、有人负责。根据校内各科室的管理职能和工作范围,从空间上划分出消防安全责任区,确定各科室的负责人为该责任区的消防安全责任人。严格落实责任追究机制,对火灾全隐患整改不力造成严重后果的,对不履行职责、失职、渎职的,依法依纪追究有关领导责任。对工作积极,成绩显著的单位和个人,予以表彰奖励,做到奖罚分明,形成"消防安全自查,火灾隐患自除,法律责任自负"的消防管理运行机制,推进学校消防安全工作深入开展。

加强检查,消除隐患学校按照相关法律法规要求,严格把火灾隐患自查作为消防安全工作的重要内容,建立健全消防监督检查体系,检查学校消防安全消防设施等硬件和消防安全管理等软件方面的问题,及时发现和消除存在的隐患。同时学校立足实际,加强单位的消防监督自查,重点检查消防安全疏散通道、电源管理等情况及学生宿舍、实验室、食堂等部位消防设施的配备完好情况。对检查发现的火灾隐患,督促有关责任单位、责任人抓好隐患整改,尽快落实整改措施。对一时确实难以整改的火灾隐患,采取特别行政管理措施来缓解火灾隐患的危险程度,制定应急预案,限制火灾隐患部位的使用。各级消防部门依法履行职责,采取明察暗访、重点督察和阶段性检查等形式,加大消防监督检查工作力度,对疏散指示标志、安全出口标志完好情况、疏散通道畅通情况、灭火器配置情况等进行检查指导。对能够立即改正的隐患,责令被检查单位当场予以改正;对不能当场改正的问题,责令其限期改正。同时强化服务意识,加强工作检查指导,帮助学校解决在隐患整改过程中遇到的实际困难。

健全制度,严格管理学校建立健全一整套完善的消防安全制度,严格落实校园防火巡查、检查制度,疏散设施、消防设备、器材维护管理制度,火灾隐患整改制度,定期疏散演练制度,消防宣传教育等制度,加强消防安全监管,保证消防安全有人决策、有人管理、有人落实,建立消防安全"自我管理、自我检查、自我整改"的长效机制,形成消防安全工作人人有责、人人负责的良好局面。同时落实责任追究制度,将消防安全工作纳入内部检查、考核、评比内容。对在消防安全工作中成绩突出的部门和个人给予表彰奖励。对未依法履行消防安全职责或者违反单位消防安全制度的行为，依照有关规定对责任人员给予行政纪律处分或者其他处理。各级消防部门应将学校制度建设情况列入消防监督检查的重要内容，督促各学校建立并落实各项消防安全制度。

加大投入，完善设施学校加大消防经费投入力度，每年将消防器材装备经费和维护保养费用纳入正常经费预算。按照国家有关规定改善消防基础设施，配齐配强消防设施和器材，做到有备无患。建立消防设施管理档案，指定专人负责，将学校所有消防设施型号、配置时间和部位、维修时间、运行检查等基本情况记录在案，做到底数清、情况明。定期组织对消防器材进行检查，加强消防设施、器材的管理和维护保养，对超过使用年限的要及时更换。对损坏丢失、超过年限的消防器材和消防药剂定期进行维修更换，确保完好有效。有条件的高校还可以借助先进的高科技手段，在木结构建筑等火灾易发部位安装烟感自动报警系统，建立火灾自动报警网络，及早探测火灾事故，将其消灭在萌芽状态。

是广泛宣传，强化培训学校应将消防知识纳入教学内容，把课堂教育作开展消防安全宣传的重要阵地，定期不定期开设专题消防知识课，使学生掌握消防安全常识。针对不同年龄段和大、中、小不同学历学生状况，采取专题讲座、典型案例教育、消防主题班会、消防安全图片巡展、消防安全征文、消防知识竞赛等灵活多样的消防宣传形式，将火灾报警、火灾扑救、各种消防器材使用方法、火场逃生自救常识及家庭火灾常识等消防安全知识传授给学生。按照"贴近生活，贴近实际，贴近学生"的原则，利用校园刊物、互联网页、校园广播等媒体开办固定消防宣传栏目，建立消防宣传阵地，开展常态化消防宣传。同时针对师生火灾自救自护能力薄弱环节，组织开展消防逃生疏散演练，掌握消防安全常识和技能，提高学生逃生自救能力。各级消防部门以消防宣传"五进"为契机，采取消防站对外开放、分发宣传手册和宣传单、灭火救援疏散演练等形式，深入学校开展有针对性的消防宣传，提高广大学生的消防安全素质。

教育事业是经济社会的重要组成部分，学校的安全稳定对经济社会的发展稳定有着重要影响。各级各类学校应将学校消防安全工作摆在重要议事日程，认真履行职责，抓好学校消防安全工作的落实，努力创造良好的校园消防安全环境，全力打造"平安校园"。

做好幼儿园消防安全工作

孩子是祖国的未来，保护幼儿园儿童的安全，预防幼儿园火灾事故的发生，有效组织防灭火工作幼儿园是一项重要的工作。为做好此项工作，防止悲剧的发生，幼儿园应加强对教职员工和幼儿的消防安全教育，树立自我保护意识，建章立制，加强管理，配合消防部门制订相应的消防安全应急预案，将隐患扼杀于萌芽状态。

加强教职员工的消防安全意识对做好幼儿园的消防安全工作，预防火灾的发生，保护师生员工的身安全和公共财产安全非常重要，在认真落实预防为主，防消结合的消防工作方针的同时，应加强教职工的消防知识培训，消防设施、器材的管理，可有效地防止幼儿园火灾的发生。做好此方面工作可采取以下措施：

（1）组织全校教职工认真学习《中华人民共和国消防法》和《机关、团体、企业、事业单位消防安全规定管理》等有关法律、法规。组织全体教师职工进行消防法规、知识答卷考试。

（2）加强对师生员工的消防安全教育，增强师生员工的法制观念和安全意识，使师生员工了解本岗位的防火措施，做到会报警，会使用灭火器材扑救，会冷静处理组织幼儿疏散，会简单的自救办法，灵活地进行自我救护。

（3）每月组织两次消防安全检查，重点部位坚持每日检查、巡查制度，并建立检查记录，发现安全隐患及时处理，并加强复查，责任到具体责任人。

（4）保障消防安全疏散通道、安全出口随时畅通无阻，消防安疏散标志、应急照明灯设施处于正常状态。

（5）组织教职工、幼儿开展消防演练，请专业消防人员给教师作报告。

（6）加强消防器材管理、养护，每月进行一次全面系统的检查。

加强对幼儿的安全教育

幼儿园新《纲要》指出：幼儿园必须把保护幼儿的生命和促进幼儿的健康放在工作的首位。维护幼儿的生命安全是每一位教育工作者的重大责任和义务，只单方面强调成人的重视是远远不够的，而是要让幼儿形成保护自己生命的安全意识，并提高自我保护的能力，为自己的健康成长提供最基本的保证。因此，在开展防火安全教育时，我们尝试应用多种形式开展系列活动。

进行现场模拟演习，让幼儿将自己所获取的生活经验转化为自觉的现实行为。为了将幼儿获得的相关感性经验转移为实验，我们开展了现场模拟演习。在模拟着火的场景中教师投放电话、毛巾、毛毯、绳子、灭火器等材料，当火警警报响起的时候，幼儿根据自己的观察和所处的位置，以及当时火势的情况，分别选择了不同的逃生和求救的办法：有的幼儿迅速选择有安全标志的出口，用毛巾捂住鼻子弯腰离开"火场"；有的幼儿则站在阳台挥动毛巾呼救……当现场的演习结束时，教师组织幼儿一起互相交流和评价，使那些在现场中没有找到正确逃生方法的幼儿获得了正确的经验。通过现场的模拟演习，使幼儿正确的生活经验得到了进一步巩固，而且有助于幼儿将自己的感性认识付之以行为。从而取得安全教育的实际效果。

制订灭火预案

幼儿园突发事件包括人为或自然因素引起，具有突发性，对师生人身安全、学校教学、工作和生活秩序、学校和社会稳定等造成或可能造成严重影响或严重危害的各类紧急情况。

制订相应措施，及时抢救，会使事故造成的损失、伤害程度降低到最低限度。

建章立制,用规章制度来规范防火工作。

成立消防安全工作领导组并由幼儿园领导担任组长,全面负责。成立幼儿园义务消防抢险应急小组,火灾发生时第一时间内展开自救和幼儿的疏散。

每天值日领导和值周教师要严格按照值勤制度,在校门口、学校校园、教学楼走廊等处进行经常性的巡视。

禁止幼儿玩打火机、火柴等火具,违者通报批评,对涉及的班级进行日常行为规范竞赛扣分。值周教师要注意纠正幼儿在校园内上述违规现象。

加强幼儿自救自护的教育和训练。

幼儿园定期不定期进行各校的安全检查,发现问题,及时解决,消除校园的安全隐患。每学期期初、期末都必须就幼儿安全工作进行全面的自查,并相互进行复查。

幼儿园建立安全例会制度,每月工作会议必须对上一月的安全工作进行小结,并就下一步安全工作进行部署,全体教师安全工作例会每季度应召开一次。

建立安全工作台帐制度,按年初制定的幼儿园安全责任分工,各司其职,共同搞好幼儿园安全工作。

加强中小学校消防安全管理工作的措施

许多学校校舍建设年代早,消防基础设施条件较差。许多中小学校教学楼建于上世纪七、八十年代,建设初期没有经过消防审核验收,在校园整体消防安全布局、学校建筑物内部消防安全设计等方面考虑较少,造成许多先天性火灾隐患。如有些偏远地区学校校舍仍采用过去砖木结构房屋,耐火等级低,电器线路老化,安全条件差;有的教学楼没有配置室内消火栓、移动式灭火器、安全疏散指示标志等基本的消防安全设施,一旦发生火灾事故,对灭火、人员疏散工作造成困难。

学校消防安全责任不明确，消防安全组织制度不健全。在消防部门日常监督检查中发现，当前仍有许多学校管理层对消防安全工作重视程度不够，认为学校主要场所是学生上课的教室和办公室，发生火灾的几率小，存在麻痹思想和侥幸心理，没有严格按照消防法律法规规定建立健全消防安全制度，确定消防安全责任人和消防安全管理人，各岗位消防工作职责不明确。有的学校将消防工作职责全部压在一两名工作人员身上，学校领导、其他教职工对消防安全工作很少过问，长期以来对学校内部的消防安全工作是属于松散的、粗放式管理，没有形成制度化、规范化，学校消防管理工作中漏洞较多，消防安全隐患不能得到及时发现和排除。

消防安全设施维护保养不到位，缺损严重，不能正常发挥作用。许多学校校园内虽然配备有消防安全设施，但长期处于无人管理、无人维护的状态，造成许多消防设施年久失修，无法正常使用，如有的学校教学楼室内消防给水管网内无水，室内消火栓内配件丢失，灭火器得不到维护保养，过期失效现象普遍存在。造成这些问题的主要原因还是学校对消防工作重视不够，对消防设施维护保养工作没有做到定人定责，对增配或维修消防设施需要的相关经费，总是以学校教学经费紧张为由不能按时拨付，造成许多消防设施得不到及时维护检修。

消防安全疏散通道不畅通。作为人员密集场所，在使用中必须确保安全出口、消防安全疏散通道畅通。但有的中小学校为了便于管理，擅自将教学楼、宿舍楼第二安全疏散通道锁闭、堵塞，或将楼梯间设置仓库、堆放可燃杂物，一旦发生火灾，对于学生安全疏散造成很大威胁。另外，部分学校在招生时没有考虑教学楼、学生宿舍的最大容纳人数，造成教室、学生宿舍等场所人员密度过大，紧急情况下人员疏散困难；有的寄宿制学校为了便于学生管理，从日常的防盗安全或学生人身安全考虑而关闭大多数消防安全出口或加设防盗门，只留有一两个出口用于日常进出，使"安全出口"名存实亡；有的为了防止男女生混宿宿舍，校方让男、女生各住一半楼，在楼道中间加门、隔墙进行分隔，宿舍被一分为二，楼梯、消火栓、安全出口等消防设施也被一分为二，火灾危险性大大增加。

学校消防宣传教育开展水平参差不齐，对在校学生消防宣传教育还没有实现制度化、规范化。《消防法》规定：教育、劳动部门等行政主管部门应当将消防知识纳入教学、培训内容。近年来，许多中小学校通过组织消防应急疏散演练、参观消防站等方式开展了一些消防宣传教育培训活动，取得了一定效果，但从总体来看，依然存在消防知识宣传教育随意性大，没有形成制度化，宣传形式单一、效果不明显等问题，主要原因是许多学校还没有把消防知识教育纳入到日常素质教学范畴内，没有专兼职消防安全教师，没有相对固定的消防宣传教育教材，学校开展消防教育依赖性强，往往通过邀请当地消防部门人员授课方式进行，学校自主开展消防知识教育的活动较少，致使学校整体消防教育的普及面和教育效果受到影响。

树立消防安全防范意识，层层落实防火责任制。做好学校消防安全工作首先要从领导抓起，建立起从校长到每一名教职员工的消防工作责任体系，签订消防工作责任书，层层落实防火责任制。学校都要结合本单位实际建立健全消防安全检查、巡查、火灾隐患整改、消防设施管理、消防宣传等制度，把消防安全工作作为"平安校园"建设的重要内容，纳入学校日常工作的议事日程，使消防安全工作与其他教学工作统筹考虑安排，协调发展。对教学楼、学生宿舍、实验室、计算机房、配电室、锅炉房等重点部位的防火安全责任人，坚持实行每日进行消防安全巡查，定期组织防火安全检查，通过检查及时发现并消除火灾隐患。

严格做好新建校舍的消防审核验收，对不能满足现行消防规范要求的旧校舍进行改造。一是各单位在建设新的教学楼、宿舍楼等建筑时，要严格按照《消防法》规定向当地消防部门申报审批，严防在建筑建设中产生先天性火灾隐患。二是对于建设年代早、建筑消防安全设计不能满足国家现行消防技术规范要求的学校，教育主管部门、学校要组织设计、消防等部门对建筑整体消防安全状况进行评估,确定电气线路、消防供水、防火间距、安全疏散等方面的火灾隐患,区别轻重缓急,统筹规划,逐步改造制定切实可行的方案进行改造,确保建筑使用期间消防安全。

加强对学校消防安全设施的维护保养,确保完好有效。一是对学校所有消防设施都要建立管理档案,指定专人负责,将学校所有消防设施型号、配置时间和部位、维修时间、运行检查等基本情况记录在案,做到底数清、情况明;二是学校应当每年将消防设施维护保养费用纳入正常经费开支计划中,对损坏丢失、过期的消防设施和消防药剂定期进行维修更换,确保完好有效。三是有条件的学校还可以建立校园内的火灾自动报警网络,将学校消防设施的维护保养任务委托给有资质的消防中介服务单位完成,由消防中介单位定期派消防技术人员对学校消防设施进行检查维护,以避免学校专业消防力量不足造成的工作漏洞。

把消防安全教育纳入学校素质教育的重要内容,确保每一名在校学生都能受到良好的消防安全教育。一是按照《消防法》规定将消防知识纳入教学、培训内容,无论城镇学校还是边远农村学校都要开展对学生的消防安全教育,针对不同年龄、不同年级学生对消防知识的认知能力,采购或编写出相关的消防教育课本,发放学生,做到人手一册,每年保证一定时间的消防教育课时,由专兼职消防教师进行授课,确保在校学生接受消防知识教育,通过系统教育,培养学生的消防安全意识,增长防火、灭火和火场逃生自救的知识,通过学校良好的消防安全教育,还可达到教育一个学生,带动一个家庭,影响整个社会的联动效应。二是要结合校园实际开展形式多样、内容丰富的消防宣传教育活动,中小学校可通过每年组织学生参观当地消防站、组织消防主题班(队)日、学校小报定期刊登消防安全知识等活动进行经常化的消防教育,如近年来邯郸市消防支队在全市中小学中开展的消防安全"进校园"、消防主题有奖征文、中小学生消防漫画大赛等活动都取得了很好的宣传教育效果。三是学校要针对教学楼、宿舍楼、学生食堂等人员密集场所消防特点制定灭火应急疏散预案，每年至少举行一次演练，通过演练，既可提高广大师生的消防安全意识，又可使大家熟悉火灾等突发事故下安全疏散逃生的线路、逃生方法，增强自防自救能力。

加强教育主管部门对所属学校的消防监管职能。教育主管部门要把做好学校消防安全工作作为一项重要工作来抓，发挥主管部门对本系统消防工作的监管和指导职能，努力提高教育系统整体消防工作水平。首先要确定分管消防工作负责人和部门，把消防安全工作纳入全局工作当中，同部署安排、同检查落实、同考核奖惩，每年由主管部门和所属中小学校签订消防工作责任书，逐级落实消防工作责任。其次，教育主管部门应当对影响学校消防安全的普遍性、规律性问题统一梳理，有重点、有计划地进行整改。作为教育主管部门，要结合本地区实际，在本系统内加强消防安全知识、消防宣传、学校专兼职消防教师的培训等工作，改变长期以来消防工作中存在的依赖思想，树立责任主体意识，不断提高教育系统内部消防管理水平。如邯郸市教育局为加强学校消防宣传教育工作，在全年工作安排中要求各单位每学期要保证2小时消防教育课时，举行一次消防应急疏散演练，结合实际编印了《邯郸市中小学校消防知识读本》，另外，还邀请当地消防部门对所属学校消防安全管理人进行集中消防业务培训，都取得了良好效果。

校园火灾案例解析与处理

案例1：2001年3月10日夜，某校学生郝某某在计算机室上机时吸烟，将烟缸中未熄灭的烟头倒入门后装有废纸屑的塑料纸篓里后离开，约半小时烟头引燃废纸、书柜等物，烧毁天花板、三个柜子、二台计算机等物，价值数千元。火灾发生时被在隔壁上自习的黄某某发现后报警。

火灾教训

违反学校有关防火规定,在禁烟区域内吸烟是导致火灾的直接原因。

不良嗜好与粗心大意。

火灾处理

依据有关规定对郝某某治安拘留七天。

案例2:2001年8月22日下午,某校临时工张某某,请来亲属张某(男)等数人帮忙,在打扫完教室后,张某坐在后排吸烟,然后将烟头随手向后一扔,恰巧扔到后门缝,引燃在门后堆放的杂物、沙发,引起大火,烧毁三间大教室,价值数万余元。

火灾教训

当事人没有消防安全意识,随手扔烟头是引发火灾的直接原因。

后勤管理部门应当加强对工作人员的防火安全教育。

单位应及时清理杂物。

火灾处理

依据有关规定对张某治安拘留十五天,对张某某治安拘留十五天。

案例3:2002年2月26日上午9时25分,某校学生李某某在宿舍违章使用"热得快",约9时30分离开宿舍时未拔掉电源,致使"热得快"过热,电线短路引起火灾。

火灾教训

违反学校消防安全管理规定违章使用"热得快",是导致火灾的直接原因。

生活中养成的粗心大意,在这次火灾中起到了"积极的作用"。

火灾处理

依据有关规定对李某某治安罚款100元。

案例4:2002年8月10日下午约3时,某地液化气储罐站职工杨某某在分装液化气时,违章操作致使泄漏的液化气遇静电起火,发生火灾,造成一人重伤、一人轻伤,经济损失数万元。而该站站长钱某某擅离工作岗位，负有不可推卸的责任。

火灾教训

违章操作致使泄漏的液化气遇静电起火。

工作人员思想麻痹大意，分装液化气时流速过快产生静电为火灾提供火源。

单位负责人擅离工作岗位负有领导责任。

单位应完善危险工种工作人员的岗位培训制度。

火灾处理

依据有关规定对杨某某治安拘留15天，对钱某某（液化气储罐站站长）治安拘留7天。

案例5：1999年2月3日中午，杭州某学院一学生宿舍发生火灾，火从一间学生寝室开始烧起，而后蔓延到隔壁仓库，经过消防队员近两个小时的扑救才得以扑灭大火，损失惨重，事故原因是由于学生违章使用电器所致。

案例6：1999年4月11日20时20分，泸州市某公安干部管理学院421房的学生乱扔烟头，引燃地板夹层内

可燃材料造成火灾，烧毁建筑房屋1102平方米及部分学生用品、教学仪器，直接经济损失97.65万元。

案例7：2000年1月22日1时许，位于广州市新港中路的广东某学院图书馆二楼发生火灾，一个办公室被烧毁，无人员伤亡。此时，广东省高中毕业会考评卷工作正在该图书馆一楼紧张进行，所幸火灾事故并未对贮存在一楼阅览室的试卷造成损害，但图书馆二楼一间办公室的设备已经被全部烧毁。

案例8：2002年9月8日21时39分，北京某大学研究生公寓1号楼3层324室发生火灾，北京市公安局消防局119调度指挥中心迅速调集7个消防中队、38辆消防车前往现场进行扑救，火灾于当晚23时扑灭。火灾中共有3间宿舍被烧毁，2间宿舍部分被烧，过火面积80余平方米。经查，火灾原因系该宿舍学生姜某某，于当晚19时30分使用"热得快"在暖壶里烧开水，并请同学沈某某照看，随后就去教室看书，而沈某

某洗完衣服后外出，将同学烧水一事遗忘，致使"热得快"长时间通电干烧，导致发生火灾，直接经济损失10万余元。

案例9：2003年12月2日清晨约6点30分，北京某大学研究生宿舍楼内一房间突然发生火灾，9辆消防车先后赶到现场，经过消防人员40多分钟的扑救，大火才被扑灭。起火原因系该宿舍学生违章使用"热得快"烧水引发大火。火灾使该宿舍各种设施全被付之一炬，对面屋门被烧坏，造成经济损失2万余元。

案例10：2001年11月14日上午约九时，南京某大学鼓楼校区的第二食堂二楼燃起熊熊大火，火势迅速蔓延，将整个建筑包围在大火之中。南京市消防局接到报警后，出动近十辆消防车赶赴现场进行灭火抢救，经过近两个小时的扑救，大火被扑灭，但食堂：二楼的屋顶已经坍塌，这座刚刚完成装修的学生食堂被大火烧毁。由于火灾并不是发生在学生用餐时间，所幸没有人员伤亡。经初步调查，大火是由于食堂内煤气管道泄漏所引起的。

案例11：2000年1月19日，美国新泽西州西顿·霍尔大学的一幢六层学生宿舍楼发生火灾，造成3人死亡、58人受伤，其中4人伤势严重。当地时间19日凌晨4时30分，一阵警报声将住在楼内的640多名学生惊醒，大火随后迅速蔓延，学生钉1纷纷夺门而逃，部分学生还从窗口跳楼逃生。尽管大火很快被消防人员扑灭，但还是造成61人伤亡的惨剧。因为发生火灾，这所拥有1万多名学生的大学被迫停课。

案例12：2003年11月24日凌晨，俄罗斯莫斯科人民友谊大学学生宿舍发生火灾。火灾造成41名学生死亡，近200名学生受伤，其中中国留学生死亡11人，受伤46人。

案例点评：火，作为一种自然现象，与天地同生，与日月共存。取火是人类进化的重要标志，用火是人类文明的必要条件。然而，火，这个人类不可缺少的双剑，在带给人们无尽福祉的同时，也给人们带来深重的灾难。

从上面的案例可以看出，少数大学生思想上忽视学校的防火安全制度，法律意识淡薄，造成了火灾事故，危害了公共安全。一个没有责任感的人是不可能有所作为的。上述案例中涉及到的违纪学生,均受到学校严厉的纪律处分。

公安消防部门和国家教委对高校火灾事故的历年通报显示:近几年全国高校所发生的火灾事故的数量、经济损失,对教学科研的破坏程度及给师生员工造成的生活负担等方面,是逐年上升的。因此搞好消防安全是保证高校稳定发展的一项重要工作。各高校领导对安全预防工作十分重视,经常强调安全工作的重要性,要求不断提高师生员工的安全意识,加强安全管理的力度。

古训有"天下兴亡,匹夫有责"。防范火灾,保证我们共同的家园也是每一位师生员工的共同责任,让我们每个人都肩负起防火安全的责任,从思想上树立牢固的消防安全意识。从我做起,从现在做起,构筑一道防范火灾的钢铁长城,共同创造一个安全、稳定、和谐的学习、生活环境。

大学生是国家的未来和希望。保护国家、人民和公共财产的安全,保护他人和自身的安全,

已成为当代大学生的神圣权利和义务。了解、学习和掌握防火知识,协助学校做好防火工作,减少和杜绝火灾事故的发生,保障安全,是实现上述权力和义务的重要方面。如果火灾不断,危及人身和财产安全,又怎能顺利完成大学期间的学习任务,继而担当起建设祖国的重任呢?因而,掌握一些防火、灭火的基本道理和常识,对于维护学校和同学们个人的安全,是十分必要的。

高等学校消防安全管理规定

中华人民共和国教育部　中华人民共和国公安部　令
第28号

《高等学校消防安全管理规定》已经2009年7月3日教育部第20次部长办公会议审议通过，并经公安部同意，现予公布，自2010年1月1日起施行。

教育部部长　周　济
公安部部长　孟建柱
二〇〇九年十月十九日

第一章　总　则

第一条　为了加强和规范高等学校的消防安全管理，预防和减少火灾危害，保障师生员工生命财产和学校财产安全，根据消防法、高等教育法等法律、法规，制定本规定。

第二条　普通高等学校和成人高等学校（以下简称学校）的消防安全管理，适用本规定。

驻校内其他单位的消防安全管理，按照本规定的有关规定执行。

第三条 学校在消防安全工作中，应当遵守消防法律、法规和规章，贯彻预防为主、防消结合的方针，履行消防安全职责，保障消防安全。

第四条 学校应当落实逐级消防安全责任制和岗位消防安全责任制，明确逐级和岗位消防安全职责，确定各级、各岗位消防安全责任人。

第五条 学校应当开展消防安全教育和培训，加强消防演练，提高师生员工的消防安全意识和自救逃生技能。

第六条 学校各单位和师生员工应当依法履行保护消防设施、预防火灾、报告火警和扑救初起火灾等维护消防安全的义务。

第七条 教育行政部门依法履行对高等学校消防安全工作的管理职责，检查、指导和监督高等学校开展消防安全工作，督促高等学校建立健全并落实消防安全责任制和消防安全管理制度。

公安机关依法履行对高等学校消防安全工作的监督管理职责，加强消防监督检查，指导和监督高等学校做好消防安全工作。

第二章　消防安全责任

第八条 学校法定代表人是学校消防安全责任人，全面负责学校消防安全工作，履行下列消防安全职责：

（一）贯彻落实消防法律、法规和规章，批准实施学校消防安全责任制、学校消防安全管理制度；

（二）批准消防安全年度工作计划、年度经费预算，定期召开学校消防安全工作会议；

（三）提供消防安全经费保障和组织保障；

（四）督促开展消防安全检查和重大火灾隐患整改，及时处理涉及消防安全的重大问题；

（五）依法建立志愿消防队等多种形式的消防组织，开展群众性自防自救工作；

（六）与学校二级单位负责人签订消防安全责任书；

（七）组织制定灭火和应急疏散预案；

（八）促进消防科学研究和技术创新；

（九）法律、法规规定的其他消防安全职责。

第九条 分管学校消防安全的校领导是学校消防安全管理人，协助学校法定代表人负责消防安全工作，履行下列消防安全职责：

（一）组织制定学校消防安全管理制度，组织、实施和协调校内各单位的消防安全工作；

（二）组织制定消防安全年度工作计划；

（三）审核消防安全工作年度经费预算；

（四）组织实施消防安全检查和火灾隐患整改；

（五）督促落实消防设施、器材的维护、维修及检测，确保其完好有效，确保疏散通道、安全出口、消防车通道畅通；

（六）组织管理志愿消防队等消防组织；

（七）组织开展师生员工消防知识、技能的宣传教育和培训，组织灭火和应急疏散预案的实施和演练；

（八）协助学校消防安全责任人做好其他消防安全工作。

其他校领导在分管工作范围内对消防工作负有领导、监督、检查、教育和管理职责。

第十条 学校必须设立或者明确负责日常消防安全工作的机构（以下简称学校消防机构），配备专职消防管理人员，履行下列消防安全职责：

（一）拟订学校消防安全年度工作计划、年度经费预算，拟订学校消防安全责任制、灭火和应急疏散预案等消防安全管理制度，并报学校消防安全责任人批准后实施；

（二）监督检查校内各单位消防安全责任制的落实情况；

（三）监督检查消防设施、设备、器材的使用与管理、以及消防基础设施的运转，定期组织检验、检测和维修；

（四）确定学校消防安全重点单位（部位）并监督指导其做好消

防安全工作；

（五）监督检查有关单位做好易燃易爆等危险品的储存、使用和管理工作，审批校内各单位动用明火作业；

（六）开展消防安全教育培训，组织消防演练，普及消防知识，提高师生员工的消防安全意识、扑救初起火灾和自救逃生技能；

（七）定期对志愿消防队等消防组织进行消防知识和灭火技能培训；

（八）推进消防安全技术防范工作，做好技术防范人员上岗培训工作；

（九）受理驻校内其他单位在校内和学校、校内各单位新建、扩建、改建及装饰装修工程和公众聚集场所投入使用、营业前消防行政许可或者备案手续的校内备案审查工作，督促其向公安机关消防机构进行申报，协助公安机关消防机构进行建设工程消防设计审核、消防验收或者备案以及公众聚集场所投入使用、营业前消防安全检查工作；

（十）建立健全学校消防工作档案及消防安全隐患台账；

（十一）按照工作要求上报有关信息数据；

（十二）协助公安机关消防机构调查处理火灾事故，协助有关部门做好火灾事故处理及善后工作。

第十一条　学校二级单位和其他驻校单位应当履行下列消防安全职责：

（一）落实学校的消防安全管理规定，结合本单位实际制定并落实本单位的消防安全制度和消防安全操作规程；

（二）建立本单位的消防安全责任考核、奖惩制度；

（三）开展经常性的消防安全教育、培训及演练；

（四）定期进行防火检查，做好检查记录，及时消除火灾隐患；

（五）按规定配置消防设施、器材并确保其完好有效；

（六）按规定设置安全疏散指示标志和应急照明设施，并保证疏散通道、安全出口畅通；

（七）消防控制室配备消防值班人员，制定值班岗位职责，做好监督检查工作；

（八）新建、扩建、改建及装饰装修工程报学校消防机构备案；

（九）按照规定的程序与措施处置火灾事故；

（十）学校规定的其他消防安全职责。

第十二条　校内各单位主要负责人是本单位消防安全责任人，驻校内其他单位主要负责人是该单位消防安全责任人，负责本单位的消防安全工作。

第十三条　除本规定第十一条外，学生宿舍管理部门还应当履行下列安全管理职责：

（一）建立由学生参加的志愿消防组织，定期进行消防演练；

（二）加强学生宿舍用火、用电安全教育与检查；

（三）加强夜间防火巡查，发现火灾立即组织扑救和疏散学生。

第三章　消防安全管理

第十四条　学校应当将下列单位（部位）列为学校消防安全重点单位（部位）：

（一）学生宿舍、食堂（餐厅）、教学楼、校医院、体育场（馆）、会堂（会议中心）、超市（市场）、宾馆（招待所）、托儿所、幼儿园以及其他文体活动、公共娱乐等人员密集场所；

（二）学校网络、广播电台、电视台等传媒部门和驻校内邮政、通信、金融等单位；

（三）车库、油库、加油站等部位；

（四）图书馆、展览馆、档案馆、博物馆、文物古建筑；

（五）供水、供电、供气、供热等系统；

（六）易燃易爆等危险化学物品的生产、充装、储存、供应、使用部门；

（七）实验室、计算机房、电化教学中心和承担国家重点科研项目或配备有先进精密仪器设备的部位、监控中心、消防控制中心；

（八）学校保密要害部门及部位；

（九）高层建筑及地下室、半地下室；

（十）建设工程的施工现场以及有人员居住的临时性建筑；

（十一）其他发生火灾可能性较大以及一旦发生火灾可能造成重大人身伤亡或者财产损失的单位（部位）。

重点单位和重点部位的主管部门，应当按照有关法律法规和本规定履行消防安全管理职责，设置防火标志，实行严格消防安全管理。

第十五条 在学校内举办文艺、体育、集会、招生和就业咨询等大型活动和展览，主办单位应当确定专人负责消防安全工作，明确并落实消防安全职责和措施，保证消防设施和消防器材配置齐全、完好有效，保证疏散通道、安全出口、疏散指示标志、应急照明和消防车通道符合消防技术标准和管理规定，制定灭火和应急疏散预案并组织演练，并经学校消防机构对活动现场检查合格后方可举办。

依法应当报请当地人民政府有关部门审批的，经有关部门审核同意后方可举办。

第十六条 学校应当按照国家有关规定，配置消防设施和器材，设置消防安全疏散指示标志和应急照明设施，每年组织检测维修，确保消防设施和器材完好有效。

学校应当保障疏散通道、安全出口、消防车通道畅通。

第十七条 学校进行新建、改建、扩建、装修、装饰等活动，必须严格执行消防法规和国家工程建设消防技术标准，并依法办理建设工程消防设计审核、消防验收或者备案手续。学校各项工程及驻校内各单位在校内的各项工程消防设施的招标和验收，应当有学校消防机构参加。

施工单位负责施工现场的消防安全，并接受学校消防机构的监督、检查。竣工后，建筑工程的有关图纸、资料、文件等应当报学校档案机构和消防机构备案。

第十八条 地下室、半地下室和用于生产、经营、储存易燃易爆、有毒有害等危险物品场所的建筑不得用作学生宿舍。

生产、经营、储存其他物品的场所与学生宿舍等居住场所设置在同一建筑物内的，应当符合国家工程建设消防技术标准。

学生宿舍、教室和礼堂等人员密集场所，禁止违规使用大功率电器，在门窗、阳台等部位不得设置影响逃生和灭火救援的障碍物。

第十九条　利用地下空间开设公共活动场所，应当符合国家有关规定，并报学校消防机构备案。

第二十条　学校消防控制室应当配备专职值班人员，持证上岗。消防控制室不得挪作他用。

第二十一条　学校购买、储存、使用和销毁易燃易爆等危险品，应当按照国家有关规定严格管理、规范操作，并制定应急处置预案和防范措施。

学校对管理和操作易燃易爆等危险品的人员，上岗前必须进行培训，持证上岗。

第二十二条　学校应当对动用明火实行严格的消防安全管理。禁止在具有火灾、爆炸危险的场所吸烟、使用明火；因特殊原因确需进行电、气焊等明火作业的，动火单位和人员应当向学校消防机构申办审批手续，落实现场监管人，采取相应的消防安全措施。作业人员应当遵守消防安全规定。

第二十三条　学校内出租房屋的，当事人应当签订房屋租赁合同，明确消防安全责任。出租方负责对出租房屋的消防安全管理。学校授权的管理单位应当加强监督检查。

外来务工人员的消防安全管理由校内用人单位负责。

第二十四条　发生火灾时，学校应当及时报警并立即启动应急预案，迅速扑救初起火灾，及时疏散人员。

学校应当在火灾事故发生后两个小时内向所在地教育行政主管部门报告。较大以上火灾同时报教育部。

火灾扑灭后，事故单位应当保护现场并接受事故调查，协助公安机关消防机构调查火灾原因、统计火灾损失。未经公安机关消防机构同意，任何人不得擅自清理火灾现场。

第二十五条　学校及其重点单位应当建立健全消防档案。

消防档案应当全面反映消防安全和消防安全管理情况，并根据情况变化及时更新。

第四章　消防安全检查和整改

第二十六条　学校每季度至少进行一次消防安全检查。检查的主要内容包括：

（一）消防安全宣传教育及培训情况；

（二）消防安全制度及责任制落实情况；

（三）消防安全工作档案建立健全情况；

（四）单位防火检查及每日防火巡查落实及记录情况；

（五）火灾隐患和隐患整改及防范措施落实情况；

（六）消防设施、器材配置及完好有效情况；

（七）灭火和应急疏散预案的制定和组织消防演练情况；

（八）其他需要检查的内容。

第二十七条　学校消防安全检查应当填写检查记录，检查人员、被检查单位负责人或者相关人员应当在检查记录上签名，发现火灾隐患应当及时填发《火灾隐患整改通知书》。

第二十八条　校内各单位每月至少进行一次防火检查。检查的主要内容包括：

（一）火灾隐患和隐患整改情况以及防范措施的落实情况；

（二）疏散通道、疏散指示标志、应急照明和安全出口情况；

（三）消防车通道、消防水源情况；

（四）消防设施、器材配置及有效情况；

（五）消防安全标志设置及其完好、有效情况；

（六）用火、用电有无违章情况；

（七）重点工种人员以及其他员工消防知识掌握情况；

（八）消防安全重点单位（部位）管理情况；

（九）易燃易爆危险物品和场所防火防爆措施落实情况以及其他重要物资防火安全情况；

（十）消防（控制室）值班情况和设施、设备运行、记录情况；

（十一）防火巡查落实及记录情况；

（十二）其他需要检查的内容。

防火检查应当填写检查记录。检查人员和被检查部门负责人应当在检查记录上签名。

第二十九条 校内消防安全重点单位（部位）应当进行每日防火巡查，并确定巡查的人员、内容、部位和频次。其他单位可以根据需要组织防火巡查。巡查的内容主要包括：

（一）用火、用电有无违章情况；

（二）安全出口、疏散通道是否畅通，安全疏散指示标志、应急照明是否完好；

（三）消防设施、器材和消防安全标志是否在位、完整；

（四）常闭式防火门是否处于关闭状态，防火卷帘下是否堆放物品影响使用；

（五）消防安全重点部位的人员在岗情况；

（六）其他消防安全情况。

校医院、学生宿舍、公共教室、实验室、文物古建筑等应当加强夜间防火巡查。

防火巡查人员应当及时纠正消防违章行为，妥善处置火灾隐患，无法当场处置的，应当立即报告。发现初起火灾应当立即报警、通知人员疏散、及时扑救。

防火巡查应当填写巡查记录，巡查人员及其主管人员应当在巡查记录上签名。

第三十条 对下列违反消防安全规定的行为，检查、巡查人员应当责成有关人员改正并督促落实：

（一）消防设施、器材或者消防安全标志的配置、设置不符合国家标准、行业标准，或者未保持完好有效的；

（二）损坏、挪用或者擅自拆除、停用消防设施、器材的；

（三）占用、堵塞、封闭消防通道、安全出口的；

（四）埋压、圈占、遮挡消火栓或者占用防火间距的；

（五）占用、堵塞、封闭消防车通道，妨碍消防车通行的；

（六）人员密集场所在门窗上设置影响逃生和灭火救援的障碍物的；

（七）常闭式防火门处于开启状态，防火卷帘下堆放物品影响使用的；

（八）违章进入易燃易爆危险物品生产、储存等场所的；

（九）违章使用明火作业或者在具有火灾、爆炸危险的场所吸烟、使用明火等违反禁令的；

（十）消防设施管理、值班人员和防火巡查人员脱岗的；

（十一）对火灾隐患经公安机关消防机构通知后不及时采取措施消除的；

（十二）其他违反消防安全管理规定的行为。

第三十一条 学校对教育行政主管部门和公安机关消防机构、公安派出所指出的各类火灾隐患，应当及时予以核查、消除。

对公安机关消防机构、公安派出所责令限期改正的火灾隐患，学校应当在规定的期限内整改。

第三十二条 对不能及时消除的火灾隐患，隐患单位应当及时向学校及相关单位的消防安全责任人或者消防安全工作主管领导报告，提出整改方案，确定整改措施、期限以及负责整改的部门、人员，并落实整改资金。

火灾隐患尚未消除的，隐患单位应当落实防范措施，保障消防安全。对于随时可能引发火灾或者一旦发生火灾将严重危及人身安全的，应当将危险部位停止使用或停业整改。

第三十三条 对于涉及城市规划布局等学校无力解决的重大火灾隐患，学校应当及时向其上级主管部门或者当地人民政府报告。

第三十四条　火灾隐患整改完毕，整改单位应当将整改情况记录报送相应的消防安全工作责任人或者消防安全工作主管领导签字确认后存档备查。

第五章　消防安全教育和培训

第三十五条　学校应当将师生员工的消防安全教育和培训纳入学校消防安全年度工作计划。

消防安全教育和培训的主要内容包括：

（一）国家消防工作方针、政策，消防法律、法规；

（二）本单位、本岗位的火灾危险性，火灾预防知识和措施；

（三）有关消防设施的性能、灭火器材的使用方法；

（四）报火警、扑救初起火灾和自救互救技能；

（五）组织、引导在场人员疏散的方法。

第三十六条　学校应当采取下列措施对学生进行消防安全教育，使其了解防火、灭火知识，掌握报警、扑救初起火灾和自救、逃生方法。

（一）开展学生自救、逃生等防火安全常识的模拟演练，每学年至少组织一次学生消防演练；

（二）根据消防安全教育的需要，将消防安全知识纳入教学和培训内容；

（三）对每届新生进行不低于4学时的消防安全教育和培训；

（四）对进入实验室的学生进行必要的安全技能和操作规程培训；

（五）每学年至少举办一次消防安全专题讲座，并在校园网络、广播、校内报刊开设消防安全教育栏目。

第三十七条　学校二级单位应当组织新上岗和进入新岗位的员工进行上岗前的消防安全培训。

消防安全重点单位（部位）对员工每年至少进行一次消防安全

培训。

第三十八条 下列人员应当依法接受消防安全培训：

（一）学校及各二级单位的消防安全责任人、消防安全管理人；

（二）专职消防管理人员、学生宿舍管理人员；

（三）消防控制室的值班、操作人员；

（四）其他依照规定应当接受消防安全培训的人员。

前款规定中的第（三）项人员必须持证上岗。

第六章 灭火、应急疏散预案和演练

第三十九条 学校、二级单位、消防安全重点单位（部位）应当制定相应的灭火和应急疏散预案，建立应急反应和处置机制，为火灾扑救和应急救援工作提供人员、装备等保障。

灭火和应急疏散预案应当包括以下内容：

（一）组织机构：指挥协调组、灭火行动组、通讯联络组、疏散引导组、安全防护救护组；

（二）报警和接警处置程序；

（三）应急疏散的组织程序和措施；

（四）扑救初起火灾的程序和措施；

（五）通讯联络、安全防护救护的程序和措施。

（六）其他需要明确的内容。

第四十条 学校实验室应当有针对性地制定突发事件应急处置预案，并将应急处置预案涉及到的生物、化学及易燃易爆物品的种类、性质、数量、危险性和应对措施及处置药品的名称、产地和储备等内容报学校消防机构备案。

第四十一条 校内消防安全重点单位应当按照灭火和应急疏散预案每半年至少组织一次消防演练，并结合实际，不断完善预案。

消防演练应当设置明显标识并事先告知演练范围内的人员，避免意外事故发生。

第七章　消防经费

第四十二条 学校应当将消防经费纳入学校年度经费预算，保证消防经费投入，保障消防工作的需要。

第四十三条 学校日常消防经费用于校内灭火器材的配置、维修、更新，灭火和应急疏散预案的备用设施、材料，以及消防宣传教育、培训等，保证学校消防工作正常开展。

第四十四条 学校安排专项经费，用于解决火灾隐患，维修、检测、改造消防专用给水管网、消防专用供水系统、灭火系统、自动报警系统、防排烟系统、消防通讯系统、消防监控系统等消防设施。

第四十五条 消防经费使用坚持专款专用、统筹兼顾、保证重点、勤俭节约的原则。

任何单位和个人不得挤占、挪用消防经费。

第八章　奖　惩

第四十六条 学校应当将消防安全工作纳入校内评估考核内容，对在消防安全工作中成绩突出的单位和个人给予表彰奖励。

第四十七条 对未依法履行消防安全职责、违反消防安全管理制度、或者擅自挪用、损坏、破坏消防器材、设施等违反消防安全管理规定的，学校应当责令其限期整改，给予通报批评；对直接负责的主管人员和其他直接责任人员根据情节轻重给予警告等相应的处分。

前款涉及民事损失、损害的，有关责任单位和责任人应当依法承担民事责任。

第四十八条 学校违反消防安全管理规定或者发生重特大火灾的，除依据消防法的规定进行处罚外，教育行政部门应当取消其当年评优资格，并按照国家有关规定对有关主管人员和责任人员依法予以处分。

第九章 附 则

第四十九条 学校应当依据本规定，结合本校实际，制定本校消防安全管理办法。

高等学校以外的其他高等教育机构的消防安全管理，参照本规定执行。

第五十条 本规定所称学校二级单位，包括学院、系、处、所、中心等。

第五十一条 本规定自2010年1月1日起施行。

附 录

教育部、公安部关于加强学校消防安全工作的通知

教发[2004]10号

各省、自治区、直辖市教育厅（教委）、公安厅（局），新疆生产建设兵团教育局、公安局：

2000年以来，全国学校（含幼儿园）共发生火灾3700余起，死亡44人，受伤79人，直接财产损失2200余万元。对此，党中央、国务院高度重视，要求切实加强学校的消防安全工作。教育部和公安部多次组织消防安全的治理和检查，各级教育行政部门和学校积极开展自查自改，消除了一批火灾隐患，取得了一定成效，学校的消防安全状况逐步得到改善。但是一些学校仍存在不少火灾隐患，有些问题还比较普遍，部分学校依然存在重视不够、管理不严、制度不够健全、措施不够到位的问题，尤其是一些学校存在私拉乱接电线、违章用火用电、堵塞疏散通道和锁闭安全出口等现象，一旦发生火灾，极易造成群死群伤的严重后果。为认真吸取1994年新疆克拉玛依友谊馆火灾和去年俄罗斯莫斯科友谊大学学生宿舍火灾的惨痛教训，进一步加强学校的消防安全工作，预防和遏制重特大火灾事故的发生，现将有关要求通知如下：

一、提高认识，切实加强消防安全工作的领导

各级教育行政部门和各级各类学校要充分认识安全工作的重要性和紧迫性，学校安全工作直接关系到青少年学生的健康成长和社会稳定，做好学校消防安全工作是各级政府职能部门和学校的基本责任，

是对国家、对社会、对人民应尽的义务，是实践"三个代表"重要思想的具体体现。要切实加强消防安全工作的领导，把学校的消防安全工作作为一项重要的管理内容列入议事日程，主要领导亲自抓，分管领导具体抓；要进一步强化教育行政部门和学校消防安全主体意识，明确单位负责人对本单位的消防安全工作负总责的责任，建立并落实消防安全自我管理、自我检查、自我整改机制。

二、制定消防安全管理制度，落实消防安全责任制

学校及幼儿园、托儿所要按照公安部《机关、团体、企业、事业单位消防安全管理规定》（公安部第61号令）的要求和教育部去年召开的学校安全工作会议精神，下大力气加强消防安全管理工作，建立健全各项消防安全管理制度和操作规程。建立消防安全教育、培训、防火巡查和防火检查制度；加强安全疏散设施、消防设施、器材的维护管理；严格制定用火用电安全、火灾隐患整改、易燃易爆危险物品使用制度和灭火、应急疏散预案。同时建立健全逐级消防安全责任制。明确各系、部、年级、班的消防安全责任人，做到职责明确，责任到人，严格考评，奖惩兑现。

三、组织开展消防安全检查治理，及时消除火灾隐患

各级教育行政部门要组织本地区各级各类学校及幼儿园、托儿所等单位，要以学生宿舍（包括校外学生公寓）、学校校园内教职工宿舍、食堂、实验室、教室、图书馆、会议室等人群集中场所为重点开展消防安全检查，督促整改火灾隐患。一是电器产品的安装、使用和线路的敷设必须符合国家有关电气安全技术规定的要求，拆除私拉乱接的电气线路。二是严格规范用火、用电、用气等消防安全管理，纠正学生在宿舍内使用电炉、液化气罐等违章行为。三是清理学校人员集中场所内封堵和占用疏散通道上的杂物，拆除疏散通道和安全出口设置的障碍物，保持畅通。四是拆除在学生宿舍外窗安装的影响安全疏散和应急救援的栅栏。五是学校图书馆、学生宿舍、公寓应设置火灾事故应急照明和应急广播系统，损坏的要立即修复，确保有效使用。六是学校要利用暑假假期对学生宿舍电线、电话线、网络线进行

改造，根据宿舍学生人数每人配备适当的固定插座，方便学生使用。有条件的学校，可以在宿舍中指定规定的区域，配备大理石等阻燃桌面，集中使用电器，减少或防止因使用伪劣电器等引发火灾。

四、加强消防安全教育，提高学生安全意识及自防自救能力

在学校对学生及全体教职员工开展消防安全教育，对提高国民整体消防安全素质具有重要的战略意义。要组织编写消防教材，把消防安全教育纳入学校教育教学内容。要分期分批组织学生参观消防防灾教育馆、消防站，组织学生进行逃生疏散演练，组织开展消防运动会、消防征文、消防演讲会、消防辩论会等活动，提高学生的消防安全意识和自防自救能力。

各级公安机关特别是公安消防部门，要继续把学校的消防安全整治工作作为人员密集场所专项治理重要内容，协同教育行政部门督促学校搞好自查自改。

请各地教育行政主管部门将此通知转发至属地各级各类学校。